JN026311

キャリア教育に活きる！

# 仕事ファイル

センパイに聞く

**40**

## ケア
の仕事

アスリート専門の
スリープトレーナー

トリマー

柔道整復師専任教員

助産師

大人用紙おむつアドバイザー

小峰書店　編集部 編著

小峰書店

# Contents

※この本に掲載している情報は、2023年4月現在のものです。

# アスリート専門の<br>スリープトレーナー

## Sleep Trainer for Athletes

ヒラノマリさん
活動7年目 32歳

「よい睡眠」は
人間を支える
大事な要素。生活の
すべてに影響します

アスリートは、それぞれの試合にすべてをかけて臨みます。自分の体を最高の状態にして臨むには、質のよい睡眠が欠かせません。アスリートを専門に、毎日の睡眠管理をサポートするスリープトレーナーの仕事をしているヒラノマリさんに、お話を聞きました。

## Q アスリート専門のスリープトレーナーとはどんな仕事ですか？

睡眠は心や体の状態に左右され、一方で睡眠の質は心と体の状態に影響をあたえます。自己の能力を最大限にまで高め、最高のコンディションで試合に臨みたいアスリートにとって、よい睡眠は欠かせません。アスリート特有の状況や悩みを理解して、深くて質のよい最適な睡眠がとれるよう、個別に管理・指導するのが私の仕事です。サッカー、野球、卓球、陸上などさまざまな競技の選手を担当しています。

依頼を受けるとまず、その選手の睡眠に関することだけでなく、家族構成や食習慣、好きなことやきらいなこと、練習や試合の日程をふくめた生活パターンを細かく聞きます。それから、光への反応や体内時計に関する遺伝子検査を行います。光が苦手なせいで寝つきが悪い人が多いためです。

次に睡眠計※を貸し出して、交互に現れる深い睡眠と浅い睡眠のパターンや、途中で目覚めた時間のデータをとります。それらを分析し、その選手の睡眠の傾向を知ります。このようにできるだけ多くの材料をそろえた上で、よい睡眠を得るためにすべきことを提案します。パジャマなどの寝具選びやベッドの位置変更も有効なアドバイスとなります。

アスリートの場合、試合のための地方遠征があるので、移動時間に昼寝をする、気圧変化に備えて耳栓をするなどの細かなアドバイスも必要です。また、夜に試合がある選手は体温が高い状態で就寝することが多く、睡眠に問題が生じやすいんです。対面またはオンライン面談で担当する選手の顔を見て、その日にすべきことを細かく指導します。

### ヒラノさんのある1日

- 09：30　始業、メールチェック。選手の体調や睡眠の状況などのやりとりをする
- 10：30　睡眠グッズをつくる会社の担当者と商品開発の打ち合わせをする
- 12：30　ランチ
- 15：00　メディアの取材を受ける
- 16：30　選手に送る資料の作成、睡眠に関する論文を読む
- 17：30　選手とオンライン面談
- 18：30　選手の試合を球場で観戦。試合終了とともに終業

「夏の熟睡のコツ」について、講師として話をするヒラノさん。ヒラノさんの専門知識が求められる場が増えている。

## 睡眠の質を左右する要素

### ●光

人間が眠くなるタイミングは、おもに浴びている光の量によって決まるとされる。寝るべき時間に眠くならない人は、朝起きたときに日光を浴びることが重要。反対に、就寝時に光が睡眠の妨げになることも多い。

### ●体温

就寝時に脳と内臓の温度が上がっていると、脳が起きている状態になっており、眠りに入りにくい。

### ●食の習慣

質のよい睡眠のためには摂取したほうがよい栄養素がある。タンパク質もそのうちのひとつ。朝食をとる習慣も望ましい。また、胃腸による消化は睡眠を妨げるため、寝る直前の食事はひかえたほうがよい。

### ●ストレス

ストレスは、外部からあたえられる心身への負荷のこと。過度のストレスがかかると、自律神経のバランスが乱れ、眠りが浅くなる。

### ●睡眠環境

適切な温度や湿度も快適な睡眠には欠かせない。ふとんやまくら、パジャマなどの寝具も睡眠の質を大きく左右する。同居する家族の生活リズムやベッドの位置関係も影響する。

用語　※ 睡眠計 ⇒体動や寝具の振動を感知することで、睡眠の時間や深さなどの状態を測ることができる機器。

# 仕事の魅力

## Q どんなところが やりがいなのですか？

私にサポートを依頼してくださったサッカー・Jリーグの選手が、海外移籍の夢を叶えました。「ヒラノさんのおかげで夢が叶いました」と言ってくださったときは、感動しました。二人三脚でがんばってよかった、とやりがいを感じましたね。

また、あるプロ野球選手を担当していたとき、「ほかの選手よりけがの回復が早いのは、ヒラノさんのおかげです」とチームの方から言われたことがあります。選手から信頼してもらえているか心配だったのですが、本人が「すごい睡眠の先生がいる」とまわりの人に話していたことを、人づてに聞いておどろきました。これもうれしいできごとでした。

© プロサッカー選手・三竿健斗
（ポルトガル・CD サンタ・クララ所属）

> プロサッカーチームに所属する三竿健斗選手とオンラインで会話をする。「できるだけ選手の顔を見ながら、睡眠に関するアドバイスを行います」

> 寝具店で、プロバスケットボール・石井講祐選手が睡眠時に使うマットレスを選ぶ手伝いをするヒラノさん。

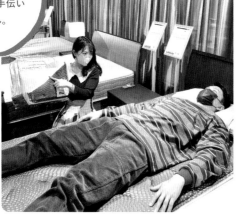

© プロバスケットボール選手・石井講祐（サンロッカーズ渋谷所属）

## Q 仕事をする上で、大事に していることは何ですか？

選手は、周囲からの期待と、限られた時間で自分の力を出しきらなければいけないプレッシャーをいつも背負っています。この感覚を共有することを大事にしています。

私は仕事でメディアに出演することがありますが、例えばテレビでは、放送時間内で視聴者に伝わるように最大の力を発揮することが求められます。ある意味で選手と似た状況です。自分も体験することで、選手の気持ちに寄りそえるのではないかと思っています。

> ヒラノさんのスケジュールを管理するマネージャーと、テレビ出演の日程について打ち合わせをする。

## Q なぜこの仕事を 目指したのですか？

大学卒業後につとめたインテリアの会社では寝具の営業をしていましたが、どことなく物足りなさを感じていました。

そんなとき、サッカーのFIFAクラブワールドカップで、スペインのレアル・マドリード対鹿島アントラーズの試合を観戦したんです。世界の強豪を相手に必死で戦う日本のアスリートの姿に感動しました。「こういう人たちと仕事をしたい」という思いがわき上がったんです。それまで、仕事でスポーツに関わることを考えたことはなかったのですが、スポーツの魅力に改めて気づいた瞬間でした。

スポーツ界のために自分にできることは何かと考えたとき、寝具の営業で身につけた睡眠の知識や経験を、アスリートの能力向上に役立てることができると気づいたんです。

## Q 今までにどんな仕事をしましたか？

インテリアの会社では、小学生から80代の方まで、さまざまなお客さまのベッドを見立てて提案し、寝室のレイアウトからカーテン、照明などの相談にものりました。

その後、別のインテリアの会社に転職し、副業としてアスリート向けのスリープトレーナーの仕事を始めました。そのときスポーツ界に知り合いはいなかったのですが、役に立てる確信があったので、手当たりしだいに発信しました。初めての仕事はSNSを見て連絡をくれた日本代表のトランポリンの選手のケアでした。引退後の今も仲良くしています。

インテリアの会社で寝具の販売や開発に関わった経験や、一対一での接客体験がなければ、飛びこむことはできなかった世界だと感じています。

担当しているアスリートの一家の寝室のレイアウトを考え、図を描く。睡眠環境を整えることは、よい睡眠のための大切な要素だ。

## Q この仕事をするには、どんな力が必要ですか？

新しいことに挑戦し続ける力が必要です。日本は睡眠ケアに関して、外国にくらべておくれていると感じます。そのため、できることはたくさんあります。

私はメディアに取り上げられているなかでは最年少の睡眠専門家ですが、メディアに積極的に出ることで、スポーツの現場に睡眠の重要性を伝えたいと考えています。アスリート専門トレーナーとして、私にしかできない発信を心がけています。

また、担当するアスリートの睡眠データを分析し、パターン化するなど、科学の力を重視してケアに役立てることに挑戦しています。問題点をだれが見てもわかるように見せることも、私だからできることだと思っています。

**・睡眠計・**

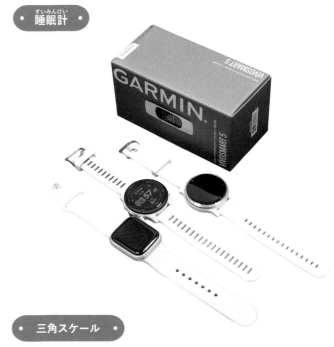

**・三角スケール・**

## Q 仕事をする上で、難しいと感じる部分はどこですか？

選手との信頼関係ができるまでは、コミュニケーションが難しいと感じることがあります。日課や慣習にこだわる選手、おおらかな選手など、個人の性格にもよるので、それぞれの選手に合った方法で距離を縮めるようにしています。

また、競技によってオフシーズン※が異なるので、自分の休みがとれずに疲れが残ることはありますね。自分自身の睡眠のケアもしながらのりきっています。

### PICKUP ITEM

睡眠計は、睡眠中の体の動きや呼吸数、心拍数などをセンサーで検知して睡眠状態を計測するものが主流だ。深い睡眠や浅い睡眠、途中で目覚めてしまった覚醒時間も計測できる。いろいろな縮尺の目盛りがかかれている三角スケールは、寝室のレイアウト図の作成に必須だ。

用 語 ※ オフシーズン ⇒公式試合がない期間。スポーツの種類に応じて、プレーするのに適さない期間がオフシーズンに設定されている。

# 毎日の生活と将来

## Q 休みの日には何をしていますか？

アスリートの食生活をケアするための資格をとったときに、友だちができました。休日には、その人たちと食事やスポーツ観戦をして過ごすことが多いですね。

私には、スポーツをきっかけにしてできた、同年代から50代まではば広い年代の友人がいます。スポーツという同じ話題で盛り上がるのは世界共通で、世代や人種を超えて輪が広がるのは、すごいことだと思います。さまざまな価値観にふれることが楽しく、日々スポーツの魅力や偉大さを感じています。

「週に数回、筋トレをします。今は便利な時計がたくさんあって、脈拍や血中の酸素量の変化をその場で測ることができます」

プロサッカーチームの試合を観に出かけた。左がヒラノさん。「友人といっしょに、同じチームを応援するのはとても楽しいです！」

## Q ふだんの生活で気をつけていることはありますか？

選手が活躍できないときに私まで落ちこむと、さらに選手を落ちこませてしまいかねません。どんなときでも「大丈夫」と明るく言えるような人間でいたいです。自分に悪いことが起こったとしても、12話くらいのドラマに例えて「まだ4話目だから挽回できる」などと自分に言い聞かせます。

意識してひとりで過ごす時間をつくり、「無の時間」をもつことも心がけています。頭をからっぽにすることが、リフレッシュに欠かせないからです。

ランニングや筋トレをすることもあります。これは、少しでも選手の気持ちを知りたいと思ったからです。やってみてわかることがたくさんあるので、経験は大切ですね。

### ヒラノさんのある1週間

遠方へ出張しての選手の試合視察や、オンラインでの試合視察にほぼ毎日、時間をとっている。選手とのやりとりは随時行う。

| | 月 | 火 | 水 | 木 | 金 | 土 | 日 |
|---|---|---|---|---|---|---|---|
| 05:00〜07:00 | 睡眠 | 睡眠 | 睡眠 | 睡眠 | 睡眠 | 睡眠 | 睡眠 |
| 09:00 | 準備 | 準備 | | 関西出張 | 準備 | ランニング | ランニング |
| 11:00 | | | | | 打ち合わせ | | サポート選手の試合をオンライン視察 |
| 13:00 | 寝具店へ選手に同行 | メディア取材対応 | サポート選手の試合視察のため関西出張 | | | ランチ・睡眠データ整理 | |
| 15:00 | ランチ・移動 | ランチ・移動 睡眠データ整理 | | 打ち合わせ | ランチ・移動 | サポート選手の試合をオンライン視察 | |
| 17:00 | 取材準備 筋トレ | 事務作業 筋トレ | 打ち合わせ 関西出張 | 事務作業など | サポート選手とオンライン打ち合せ 筋トレ | 論文を読む | 休み |
| 19:00〜21:00 | | 夕食をとりながらサポート選手の試合をオンライン視察 | | 夕食をとりながらサポート選手の試合をオンライン視察 | 夕食をとりながらサポート選手の試合をオンライン視察 | | |
| 23:00 | | | | | | | |
| 01:00〜03:00 | 睡眠 | 睡眠 | 睡眠 | 睡眠 | 睡眠 | 睡眠 | 睡眠 |
| 05:00 | | | | | | | |

## Q 将来のために、今努力していることはありますか？

個人事業主※として仕事をしているので、自分で仕事を探してこないと生活できません。仕事を増やすためにも、日ごろの人間関係や人とのつながりを大切にしています。

また、つねに勉強しています。睡眠に関する最新の英語の論文を読んで、学びを深めています。私がよい仕事をすることで、プロスポーツの世界で睡眠に関するサポートをもっと大事に考えてくれるようになるとよいと思うからです。

幼少時に海外で暮らしていたので英語の読み書きはできるのですが、使わないでいると忘れてしまいがちです。将来は外国人選手も担当したいので、英会話学校に通って英語力をみがいています。

担当しているアスリートのスタッフと話して、睡眠状況についての情報を得る。「選手に海外遠征があるときは、いつもとちがう睡眠管理のスケジュールを組むので、情報交換は欠かせません」

## Q これからどんな仕事をし、どのように暮らしたいですか？

自分が支えられ、刺激を受けてきたスポーツ界に、睡眠ケアの仕事で恩返しをしたいです。その方法として、スリープトレーナーを育てることを考えています。

スリープトレーナーを育てるには、スポーツ経験があり、よい睡眠に理解がある人に、私のもつ技術や経験を伝えるのが近道です。選手が現役生活を終えた後に、第二の人生の仕事としてスリープトレーナーになってもらうのがよい方法だと考えています。経験者なら、選手の気持ちや悩みを理解しやすいですし、寄りそうことができるからです。

スポーツ界は女性が働きにくい場所といわれていますが、私は、日本にはなかった職業をゼロからつくり、ここまでやってこられました。将来、結婚して子どもが生まれても、この仕事を続けていきたいです。そのためにも、結婚や出産などの事情に合わせて働けることを自分で証明したいです。私がその仕組みをつくって、先駆者になりたいと考えています。

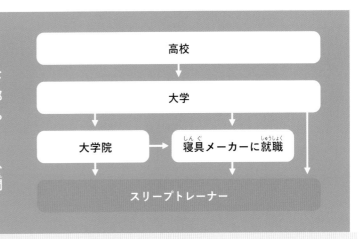

ヒラノさん監修のパジャマ。素材にもデザインにも、よい眠りのための工夫がつめこまれている。

---

## スリープトレーナーになるには……

大学で心理学や神経科学を学ぶなどすると、高度な睡眠の知識を得ることができます。健康科学系の学部がある大学や大学院に進めば、スポーツ科学の知識や人体の仕組みについて学ぶこともできます。

寝具メーカーに就職して寝具の知識を身につけたり、「睡眠環境・寝具指導士」「睡眠健康指導士」などの民間資格の取得に挑戦したりするのもよいでしょう。

```
高校
  ↓
大学
  ↓         ↓         ↓
大学院 → 寝具メーカーに就職
  ↓         ↓         ↓
   スリープトレーナー
```

※ この本では、大学に短期大学もふくめています。

---

用 語 ※ 個人事業主 ⇒ 会社につとめるのではなく、個人で独立して事業を始め、仕事をしている人のこと。

## 子どものころ

### Q 小学生・中学生のとき、どんな子どもでしたか？

　小学生のころ、父の仕事の関係でアメリカに住んでいました。このころ、双子の妹がいじめられたことがあったんです。外国で生活する厳しさに直面した私は、弁護士になれば力のない自分でも妹を守れると考え、弁護士を目指そうと決意しました。大学4年生の夏に進路を考え直すまで、弁護士になるつもりだったんです。

　小学生のうちに帰国したのですが、日本の環境や文化のちがいにとまどいました。教育システムがちがうため、私には書けない漢字があり、ドレミの音符も読めませんでした。できないことが多すぎて、ストレスで不眠症になってしまったんです。睡眠に興味をもったのはこの体験がきっかけです。

　生きにくさを感じていた当時の私を支えてくれたのが、元プロ野球選手の斎藤佑樹さんと、NHKの大河ドラマ『新選組！』です。野球のルールも知らなかったのにスポーツに関わるようになったのは、高校野球での活躍を見て大好きになった斎藤佑樹さんのおかげです。『新選組！』に関しては、時代が変わる幕末という環境でも自分の意志を貫き、大切なものを守りぬく武士道に魅了されました。

　どちらも、関連する書籍を読んでは図書館で調べるほど夢中になりました。知らないことを調べて知識を増やし、さらにふみこんでいく過程は、現在の仕事の仕方につながっている気がします。

ヒラノさんの人生を支えた、大河ドラマ『新選組！』の本と、斎藤佑樹さんの本。愛読書2冊を今でも宝物にしている。

### ヒラノさんの夢ルート

**小学校・中学校 ▶ 弁護士**

アメリカでの体験から、弁護士にあこがれた。弁護士という職業を知ったのは、アニメ『名探偵コナン』がきっかけだった。

▼

**高校・大学 ▶ 弁護士**

弁護士になるために、ひたむきに努力した。

▼

**大学 ▶ 会社員として働く**

大学4年生の夏に志望を切りかえて就職活動を開始。インテリア関連企業への入社を希望した。

中学校の卒業式。笑顔で写真におさまるヒラノさん。

### Q 子どものころにやっておいてよかったことはありますか？

　現在、アスリート専門のスリープトレーナーの仕事をしているのは、日本では私ひとりです。仕事に関しては、何事も自分で考え、すべての決断をひとりで行います。迷ったときに後悔をしない決断をするには、勉強以外のさまざまな経験が役立ちます。

　帰国したころに苦労したことも、弁護士を目指してひたすら努力したことも、今思えば、のちにだれもやったことのない仕事を始めるのに必要な体験だったのかもしれません。さらにいえば、不眠症のつらい体験も今に活きています。

　きちんと睡眠をとることはもちろん大事ですが、すべての経験が人生の糧になると感じています。

## Q 中学のときの職場体験は、どこに行きましたか？

中学2年生のとき、友だちと3人で洋菓子店に行きました。1日だけでしたが、まかないも出してくれる親切なお店でした。

中学3年生では、興味のある職業の人へインタビューをしました。当時は弁護士になりたかったので、法律関係の仕事を探して、通学路で見かけた司法書士の事務所に行きました。インタビュー先を探すのも、約束をとりつけるのもひとりで行いました。知らない大人とコミュニケーションをとるのはとても緊張しましたが、よい勉強になりました。

## Q この仕事を目指すなら、今、何をすればいいですか？

人生は毎日が選択の連続ですが、たとえどんな選択をしても「正解にしていく力」がある人がいちばん強いと思います。その道を正解にするかしないかは、自分しだいです。覚悟をもち、自分なら絶対できると信じて努力すること。そして勇気を出して一歩進んでみれば、道はきっと拓けます。

うまくいかないから落ちこむのではなく、うまくいかせるために「今の自分はどうしたらいいんだろう」と考えてみてください。たとえ自分の望んだ結果が出なくても、人生は長いので何度でもやり直せます。自分がわくわくすること、好きなことをとことん追いかけてみてください。

## Q 職場体験ではどんな印象をもちましたか？

洋菓子店で印象に残っているのは、ケーキの並べ方です。お店では、うさぎの形をしたケーキをひとつだけ逆向きに並べていました。それは、お客さまに「どうしてこのケーキだけ逆なの？」と感じてもらい、目を引くための工夫だったんです。ケーキをただきれいに並べるだけではなく、どうしたら売れるのかということまで考えるのが仕事だと、このとき学びました。

ランチも提供するお店で、仕事は大変だと思いましたが、働くことに対するイメージが具体的になった気がします。

私が開拓しているよい睡眠のための知恵と技術を、たくさんの人に役立てたい

# － 今できること －

ふだんの暮らし

自分にとっていちばんよい睡眠について考えてみましょう。自分に必要な睡眠時間を調べたり、まくらやふとんの種類、照明の明るさに気を配ったりして、睡眠環境を整えてみてください。そして睡眠の状態が自分の生活にどのような影響をあたえているか、考えてみましょう。また、スポーツの知識が必要な仕事ですから、運動部や学校外のクラブに参加して、スポーツを経験しておくこともおすすめです。その際、自分の睡眠リズムと、スポーツの充実度に注目するとよいでしょう。

国語
最適な睡眠のとり方を理解してもらうための説明が必要です。意見を発表する場では、自分の知識や考えをまとめて、説得力のある話をできるようにしましょう。

理科
人体の仕組みや働きについて学びましょう。また、温度や湿度、光の知識も睡眠に関わりがあります。理科の各分野をはば広く学んで、基本をおさえておきましょう。

体育
保健で、健康な生活を送るために必要な睡眠や食事、休養のとり方を学びましょう。また、体育では運動に対する関心を深め、しっかり体を動かしましょう。

英語
睡眠についての最新情報を得るためには英語力が欠かせません。長文を読める力を身につけましょう。

# トリマー

## Trimmer

ヒフカフェ たまがわ
hiff cafe tamagawa
肥田沙織さん
入社7年目 32歳

ペットの心をほぐして、ストレスをあたえないようトリミングします

ペットを飼う人が増え、多くの人が毎日をペットとともに過ごしています。毛が長くのびる種類の犬など、ペットによっては毛をカットするトリミングを行って清潔に保つ必要があります。トリマーとして働いている肥田沙織さんに、お仕事についてお話を聞きました。

# Q トリマーとは どんな仕事ですか?

「ペットの美容師」として、シャンプーや毛のカット、爪切り、耳掃除などを行い、ペットの身だしなみを整える仕事です。

ペットの毛を切ることをトリミングといいます。見た目を整えるため、また体を衛生的に保つために行います。犬の場合はとくに念入りに手入れをしないと、感染症を起こす危険性もあります。

トリマーのもうひとつの役割は、ペットの健康をチェックし、飼い主さんへ飼育やしつけのアドバイスを行うことです。そのため、ペットの皮膚の状態や歯ぐき、口臭などの異常に気づけるように、動物の体についての知識が求められます。私の職場は動物病院に併設されているので、獣医師と相談しながら、ペットの健康に気を配ったアドバイスをしています。

仕事の流れは、最初にどんなカットがよいか飼い主さんの希望を聞き、ペットの健康状態を確認します。このとき爪がのびていたり耳がよごれていたりしたら獣医師に相談します。

次にブラシで毛を整えてから体を濡らし、シャンプーをします。犬の場合、肛門腺※に分泌物がたまっていると悪臭の原因になるので、シャンプーのときに絞ります。

ドライヤーで体をかわかしたらトリミングをします。とくによごれやすい部分は、はさみを使って短くカットします。終わったら、全体を見てかわいく仕上がったかを確認します。犬種にもよりますが、全体で3時間ほどかかります。

飼い主さんにとって家族のような存在であるペットの健康を守るため、心をこめてケアをしています。

## 肥田さんのある1日

09:30 出勤
▼
09:45 その日の仕事について、スタッフ全員で打ち合わせをする
▼
10:00 開店　接客・トリミング
▼
12:00 ランチ
▼
13:00 接客・トリミング
▼
18:30 店の掃除
▼
19:00 退勤

専用のはさみを使って、のびた毛先をきれいにカットしていく。

## トリミングの流れ

**❶ 健康チェック・爪切り、耳掃除**

目・鼻・口・肛門・皮膚・毛・体温・呼吸・体重などに異常がないか、チェックする。このときに、爪切りと耳掃除も行う。

**❷ ブラッシング・体を濡らす**

毛の根もとから毛先まで、ブラシで毛をとかす。毛玉がなくなってなめらかになったら、全身を濡らす。

**❸ シャンプーをする**

ペットの皮膚の状態に合わせてシャンプー剤を選び、シャンプーをする。リンスもする。

**❹ 全身をかわかす**

タオルでよく水分をふき取ってから、ドライヤーとブラシを使って全身の毛をかわかす。このとき、風の温度に注意する。

**❺ トリミング・仕上げ**

専用のはさみを使って、口元や肉球からはみ出る毛、足のまわり、胸、肛門周辺などの毛をカットする。はさみを使うので、けがをさせないようによく注意する。最後に、全身のシルエットを確かめる。

用語　※ 肛門腺 ⇒ 肛門の左右に一対ある分泌腺。犬の場合は、中に入っている分泌液に強い臭いがあるため、たがいの挨拶や縄張りの印づけになる。

# 仕事の魅力

## Q どんなところがやりがいなのですか？

飼い主さんから「うちの子があなたのことを好きなんですよ」と言ってもらえることです。トリミングはペットにとってストレスになることもあるので、ペットの警戒心を解き、できるだけ安心してケアを受けてもらえるようにするのが、トリマーのもっとも大切な仕事です。カットの技術よりも、どのようにペットと心を通わせるかがトリマーの腕の見せどころであり、いちばん難しいところだと思います。

だから、尻尾をふって喜んでくれたり、飼い主さんから温かい言葉をいただけたりしたときはうれしくなります。

「トイプードルのはなちゃんです！」長年のお客さんで、肥田さんにすっかり慣れている。

## Q 仕事をする上で、大事にしていることは何ですか？

ペットのささいな変化に気づくことです。例えばあるとき、ぴょんぴょん跳ぶのが好きだった犬があまり跳ばなくなったことが気になりました。飼い主さんに伝えたら、「そういえば最近、食欲もないかもしれない」と言われました。獣医師に診てもらったところ、腰が弱くなって足に痛みがあることがわかったのです。このように、小さな変化への気づきが、病気などの早期発見につながることはめずらしくありません。ペットを我が子のように注意深く見るよう、心がけています。

## Q なぜこの仕事を目指したのですか？

小学生のころ、お店で犬をトリミングしているお姉さんを窓越しに見ることが好きでした。楽しそうに仕事している姿が印象に残っていたことが、トリマーを目指したきっかけです。小学2年生のときにビーグル犬を飼い始め、トリマーになりたいという夢がふくらんでいきました。小学校の卒業アルバムにも「将来の夢はトリマーになること」と書いていて、同級生の間で今でも話題になります。

多いときには実家で猫5匹と犬2匹を飼っていたこともありました。小さいころから動物とふれ合うことに慣れていたんです。高校を卒業した後は、迷うことなく、トリマーを育成する専門学校に進学しました。

シャンプーをする前に念入りにブラッシング。はなちゃんはリラックスしている。

ケアが終わったら、撮影タイム。SNSなどに投稿して、お客さんに見てもらう。

## Q 今までに どんな仕事をしましたか？

専門学校卒業後、東京都のトリミングサロンでトリマーとして2年間、働きました。1年目に、飼い主さんからペットの命を預かるということの責任の重さを、嫌というほど思い知らされました。仕事をしていくなかで、自分の責任感の足りなさを痛感したんです。

そこで、もっとペットの健康に関する知識を深めたいと思い、動物病院でトリマー兼看護師として約2年半働きました。その後、トリミングサロンとカフェを併設した動物病院を開きたいと考えていた院長から声をかけられ、開業時から店長として関わり、今にいたります。

はさみがさびないように、オイルをさして手入れをする。「よい仕事をするために、道具の手入れは大切です」

## Q 仕事をする上で、難しいと感じる部分はどこですか？

体力と集中力を保つことです。とくに大型犬の場合はトリマーがふたりがかりで抱っこしたり、押さえたり、びしょ濡れになりながらシャンプーしたりと、かなり重労働で疲れます。

一方、小型犬の場合は体の面積が小さいので、顔や体に傷をつけないようにカットをする繊細さと集中力が必要です。

カット中はどうしても体に力が入るので、肩こりや腱鞘炎に悩まされることが多く、トリマーを辞めてしまう人もいます。だから、健康管理はトリマーの大事な仕事です。私は運動やストレッチは苦手なので、整体やマッサージに定期的に通って自分の体のケアも忘れないようにしています。

## Q この仕事をするには、どんな力が必要ですか？

気持ちを切りかえる力です。トリマーは命を預かる仕事なので、責任感が必要です。ただし、いつも緊張した状態で自分を追いこんでしまうと、この仕事は長く続きません。

家に帰ったらなるべく仕事のことは忘れて、リフレッシュします。つい、「もっとああすればよかった」と仕事での場面を思い返してしまうのですが、あえてゲームなどに熱中して、気持ちを切りかえることを心がけています。

また、人や動物を喜ばせるのが好きな人は、トリマーに向いていると思います。トリミングの技術はもちろん必要ですが、もっとお客さんやペットを満足させるためには何をすればいいかを考えて、向上心をもち続けることが大事です。「今の自分に足りない知識や技術を身につけたい」と考えて、別のお店に転職する人も多いんですよ。

### ブラシとくし

### はさみ

### PICKUP ITEM

ブラシは毛全体をとかすとき、くしはカットで毛の長さをそろえたいときに使う。トリマーは、ブラシやくし、毛をカットするための専用のはさみを自費で購入している。はさみは高価で、1本数万円するものもある。そのため、大切に手入れをしながら長く使う。

# 毎日の生活と将来

## Q　休みの日には何をしていますか？

「休みの日には、ラーメン屋めぐりをしています。近所においしいお店がいくつもあるので、うれしいですね」

　昼まで寝てゲームをするなど、家でのんびり過ごしています。猫といっしょにごろごろするのが、至福の時間ですね。

　うちの猫は、保護猫といって、飼い主がいないままだと殺処分されてしまう猫を一時的に保護している団体から引き取った猫です。保護猫は警戒心を解くのが難しい場合もありますが、うちの子はとてもよくなついてくれています。料理中にもすり寄ってきますし、朝は目覚ましが鳴る前に起こしに来てくれますよ。

「保護猫のデクちゃんです。とにかくあまえんぼうで、かわいくてたまらない存在です」

## Q　ふだんの生活で気をつけていることはありますか？

　身だしなみを整えることです。例えば髪をカットしてくれる美容師の髪がボサボサだったら、お客さんは不安になると思うんです。だから、「この人なら大丈夫」と飼い主さんに思ってもらえるように、自分の髪や服装を清潔に保つことを心がけています。

　また、トリマーはシャンプーで手が荒れやすいので、とくに冬場の保湿ケアをしっかり行っています。

　体調管理にも気をつけています。現在、店では私をふくめて2名のトリマーがおり、ペットごとに担当が決まっています。その方がペットの体調の変化などにすぐ気づけるからです。私が休んだら代わりがいないことをつねに意識して、風邪などを引かないようにしています。

### 肥田さんのある1週間

|  | 月 | 火 | 水 | 木 | 金 | 土 | 日 |
|---|---|---|---|---|---|---|---|
| 05:00 |  |  |  |  |  |  |  |
| 07:00 |  | 睡眠 | 睡眠 |  | 睡眠 | 睡眠 | 睡眠 |
| 09:00 |  | 出勤・オープン準備 | 出勤・オープン準備 |  | 出勤・オープン準備 | 出勤・オープン準備 | 出勤・オープン準備 |
| 11:00 |  | 接客・トリミング | 接客・トリミング |  | 接客・トリミング | 接客・トリミング | 接客・トリミング |
| 13:00 |  | 休憩 | 休憩 |  | 休憩 | 休憩 | 休憩 |
| 15:00 |  |  |  |  |  |  |  |
| 17:00 | 休日 | 接客・トリミング | 接客・トリミング | 休日 | 接客・トリミング | 接客・トリミング | 接客・トリミング |
| 19:00 |  | 掃除・退勤 | 掃除・退勤 |  | 掃除・退勤 | 掃除・退勤 | 掃除・退勤 |
| 21:00 |  |  |  |  |  |  |  |
| 23:00 |  |  |  |  |  |  |  |
| 01:00 |  |  |  |  |  |  |  |
| 03:00 |  | 睡眠 | 睡眠 |  | 睡眠 | 睡眠 | 睡眠 |
| 05:00 |  |  |  |  |  |  |  |

1日につき、午前中に1件、午後に2件のトリミングを行う。立ちっぱなしの重労働が続くので、お昼休みは貴重な休憩時間だ。

用語　※　経営 ⇒ 会社などの組織が目的を達成するために、事業の計画を立てて継続的に意思決定していくこと。

## Q 将来のために、今努力していることはありますか？

　トリマーが長く働ける環境をつくるため、経営※や人材育成※、コンサルティング業の勉強をしています。コンサルティングとは、会社の課題を明らかにし、経営の改善を提案する仕事です。例えばトリミングの知識がない動物病院に行って、アドバイスをしながら、付属のトリミングサロンをいちからつくるのもおもしろそうだと考えています。

　トリミングサロンはとてもいそがしく、決められている休憩時間を確保できない職場も多いんです。経営について勉強することで、トリマーなら当たり前とされているこうした慣習を変えるための糸口を見つけ、若い人が続けたくなるような環境を整えたいと思っています。

獣医師の小林先生に耳の奥を診察してもらう。肥田さんがはなちゃんをおさえて、看護師の役目を果たす。

## Q これからどんな仕事をし、どのように暮らしたいですか？

　この仕事が大好きなので、どんな形であれ、トリミングに関わっていきたいです。年齢とともに体力も落ちますし、結婚や出産などをきっかけに、トリマーを辞めてしまう女性はたくさんいます。50代になってもこの仕事を続けている人は、ひとにぎりなのではないでしょうか。

　トリマーの仕事は見た目以上に重労働ですし、休日が不規則な場合もあります。自分もふくめて、トリマーが長く働き続けられる方法を模索するためにも、経営や人材育成の勉強を続けようと思います。例えば、トリミングサロンの経営者になったり、トリミング以外でお金を稼ぐ方法を見つけてトリマーと兼業したりする方法も考えています。

　技術、接客、動物のあつかい方を10年以上学んだことで、私は人としても大きく成長できました。この仕事を選んでよかったです。

小林先生とツーショット。小林先生は、ヒフカフェ動物病院多摩川の院長でもある。

---

### トリマーになるには……

　カットの技術はもちろん、動物に関するはば広い知識が必要です。トリマーを養成する専門学校に通って、トリミングの技術や動物の体の仕組み、動物看護学などの知識を身につけることが、トリマーになるための近道です。資格がなくてもトリマーになれますが、民間団体が運営するさまざまな資格があるので、仕事に就くには名前の知られた資格の取得が有利になります。

```
高校
  ↓
大学・専門学校
  ↓
トリマー
```

---

用語　※ 人材育成 ⇒ 会社で働くための人を育て、成長させること。

17

# 子どものころ

## Q 小学生・中学生のとき、どんな子どもでしたか？

　歌やダンスが大好きで、アイドルにあこがれる子どもでした。体育や音楽など、自分の興味があることは楽しく学んでいましたが、勉強は全体的に苦手でした。

　アイドルにあこがれる反面、中学生のころまでは、人と接することや人混みが苦手でした。混んだ電車のなかでたおれてしまったことがあるくらいでした。

　そんな私の人生を劇的に変えたのが、当時好きだったアイドルグループの存在です。中学3年生のとき、東京ドームで開催される「嵐」のコンサートに行きたい一心で、初めて片道一時間の電車に乗ることができました。しかも、ほとんど面識のない母の友人とふたりきりで行ったんです。

　そこから自信がついたのか、クラスメイトにも自分から積極的に声をかけるようになりました。友だちから「変わったね」と言われるほどでした。

　飼い主さんとのコミュニケーション能力が必要とされるトリマーの仕事に就けたのも、この経験がとても大きかったと思います。

中学生のころの肥田さん。「このころ、とてもダンスを習いたかったけれど、家族にだめと言われてあきらめました。そのことを今でも根にもっています」

中学時代はバドミントン部に入っていた。神奈川県大会の団体戦で、ベスト8の成績をおさめた。

## 肥田さんの夢ルート

**小学校 ▶ トリマー**

家族でよく行っていた百貨店にペットコーナーがあり、トリミングを見られる場所があった。トリマーのお姉さんの仕事を見ていて、トリマーになりたくなった。

▼

**中学校 ▶ トリマーなど**

夢はトリマーだったが、ほかにイルカの調教師や、歌って踊れるアイドルにあこがれていた。

▼

**高校 ▶ トリマー**

変わらずトリマーにあこがれ、トリミング技術を学べる専門学校を目指した。

## Q 子どものころにやっておけばよかったことはありますか？

　私は数学が大の苦手でした。がんばって計算して全問埋めたテストの点数が、3点だったことがありました。それも計算の途中まで合っていたから、先生が1点をくれていた問題があったりしたんです。そしていまだに、数字を見るのが苦手です。

　でも、店の責任者として売り上げなどを確認するときに数字からは逃れられません。もう少し苦手意識をなくしておけばよかったと感じることはあります。また、社会人になってからも勉強は続くので、もっと活字に慣れておくべきだったと思います。

　私が学生だったころと今とでは、世の中がずいぶん変わりました。とくにSNSが生活に密着している今の中学生が、うらやましいです。私が今中学生にもどれるとしたら、制服を着てダンス動画などを投稿してみたいです。また、いろいろなペットの動画を観たいですね。

## Q 中学のときの職場体験は、どこに行きましたか？

中学3年生のとき、学校が用意した職場のなかからお弁当屋さんを選んで体験に行きました。体験先は近所の飲食店が多く、将来の夢に直結する職場に行けた生徒は少なかったように記憶しています。優しいご夫婦のお店で、お昼に好きなお弁当を選ばせてくれました。おいしかったです。

また、何年生のときだったか覚えていませんが、職場見学で動物病院にも行きました。地元の小さな病院でした。

## Q 職場体験ではどんな印象をもちましたか？

お弁当屋さんでは、開業したきっかけや店名の由来などを質問しました。話を聞いて、商売をするのは大変なんだなと思いました。

動物病院では院長先生に話を聞きました。当時の私は獣医師にもあこがれていましたが、「獣医師になるのはとても大変だよ。勉強をたくさんしないとね」と言われ、勉強が苦手な自分には無理だと思った記憶があります。

でも、漠然と犬に関わる仕事がしたいと思っていたので、職場見学で見聞きしたことが、トリマーになるためにはどうすればよいかを真剣に考えるきっかけになりました。

## Q この仕事を目指すなら、今、何をすればいいですか？

トリマーは楽しそうな仕事に見えるかもしれませんが、じつは努力と勉強が必要です。なぜならトリミングは、一歩まちがえれば、動物の心や体を傷つけてしまう可能性のある作業だからです。動物がくれる無条件の愛情を受け止め、個性に合わせた対応をするために、いろいろな種類の動物とふれ合う機会を増やすことをおすすめします。

そして、動物を通した飼い主さんとのコミュニケーションがとても大切です。相手が何を求めているか、不安に感じていることは何かに気づく力や心配りを身につけるためにも、まわりの人に対する愛情を忘れずにいてほしいと思います。

トリマーはペットと飼い主さんの幸せな暮らしをお手伝いできる、すてきな仕事です

---

# － 今できること －

**ふだんの暮らし**

あらゆる動物に関心をもって、特徴を調べてみましょう。ペットだけではなく、動物園や水族館でさまざまな動物を観察するとよい勉強になります。図鑑や動物の雑誌を読んで、動物に関する知識を深めるのもよいでしょう。また、この仕事では、ペットの健康に関する勉強を日ごろから続けて行うことも大切です。学校で生きものの飼育に関わる委員や係があったら、積極的に担当しましょう。できるだけ長期間にわたって生きものを世話し、観察することをおすすめします。

 **国語**

飼い主さんの希望に寄りそう仕事です。相手の話を聞く力をのばしましょう。また、お客さまである飼い主さんと話せるように正しい敬語を身につけましょう。

 **理科**

ペットの身だしなみを整えたり、健康のアドバイスをしたりするには、動物の体についてよく理解しておく必要があります。第2分野の授業で、おもに脊椎動物の体のつくりと働きについて学びましょう。

 **体育**

立ちっぱなしでケアを行ったり、大型犬のお世話をしたりすることもあります。運動を行って基礎体力をつけましょう。また、保健で健康管理の方法を学んで、自分の健康も守れるようにしましょう。

# 柔道整復師専任教員

## Judo Therapy Teacher

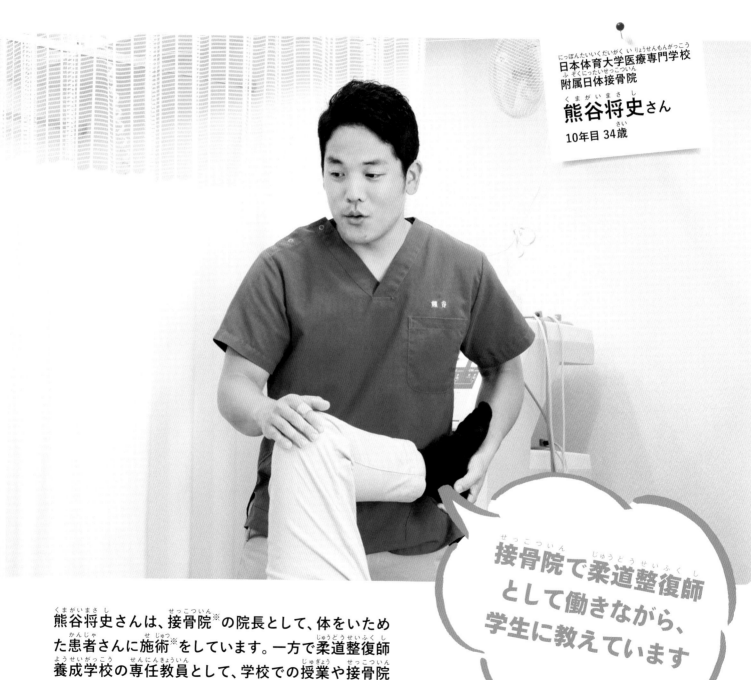

日本体育大学医療専門学校
附属日体接骨院
**熊谷将史**さん
10年目 34歳

> 接骨院で柔道整復師
> として働きながら、
> 学生に教えています

熊谷将史さんは、接骨院※の院長として、体をいためた患者さんに施術※をしています。一方で柔道整復師養成学校の専任教員として、学校での授業や接骨院での実習指導を行っています。お仕事の内容と魅力について、お話を聞きました。

用語 ※ 接骨院 ⇒ 柔道整復師が柔道整復術を行う施設。「整骨院」「ほねつぎ」などとよばれることもある。

用語 ※ 施術 ⇒ 柔道整復の技として、骨、関節、筋肉などに治療を行うこと。

# Q 柔道整復師専任教員とは どんな仕事ですか？

柔道整復師という国家資格の取得を目指す人たちに、柔道整復学を教える仕事です。

柔道整復学は柔道とともに発達した学問です。骨折、脱臼、ねんざ、打撲、つき指などのけがに対し、薬や手術以外の方法で回復させる技術を学ぶことができます。

人間にはもともと、体を正常な状態にもどそうとする力があります。柔道整復師はこの自然治癒力を利用し、手技※やテーピングによる患部の固定などの施術を行って患者さんの回復を助けます。患部を冷やして炎症をおさえたり、患部を温めて慢性的な痛みを和らげたりする施術も行います。

自然治癒力を最大限に引き出すためには、体の仕組みと処置の方法を知らなければなりません。そのため柔道整復学には、医学の基礎知識や生物学、包帯技術など、さまざまな分野の学習がふくまれます。柔道整復師を目指す人は、大学の専門コースや専門学校でこれらを学びます。

柔道整復師の専任教員は、柔道整復師の資格と柔道整復学を教えることができる教員資格の両方をもっています。私は、日本体育大学医療専門学校附属の日体接骨院で柔道整復師をしながら、同校の教員としても働いています。

教室での授業は、教科書を使った講義のほか、包帯やテープなどで患部を固定する実技練習を行います。その後学生を接骨院によんで、患者さんとのやりとりを見てもらいます。教室で学んだ知識をどのように現場で活かしているか、体感してもらうためです。

## 熊谷さんのある1日（接骨院勤務の場合）

|  |  |
|---|---|
| 11:30 | 接骨院へ登院。授業準備、メールへの対応、学生への対応 |
| 12:00 | 接骨院開院準備 |
| 12:30 | 接骨院開院、患者に施術する |
| 13:30 | ランチ |
| 14:30 | 学生の実習、指導を行う |
| 19:00 | 接骨院を閉院、かたづけをする |
| 19:30 | 学生の実習終了。カルテの作成、患者カンファレンス（症状や治療についての情報を院内で共有する） |
| 19:40 | 接骨院を下院、帰宅。 |

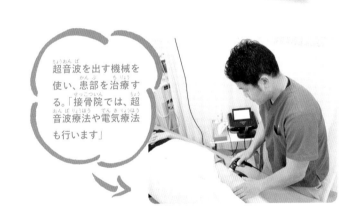

超音波を出す機械を使い、患部を治療する。「接骨院では、超音波療法や電気療法も行います」

## 接骨院と病院のちがい

### 接骨院

- ●必要な資格　：柔道整復師（国家資格）
- ●行う治療行為：けがに対し、投薬や手術以外の方法で回復させる

●内容と特徴
- ・むち打ち症や骨折、捻挫など、急性のけがの治療をする
- ・患部だけでなく、関係する部位全体を診て治療を行う
- ・手技や電気などを使った療法を、患者のその日の状態に応じて行う

### 病院（外科・整形外科※）

- ●必要な資格　：医師（国家資格）
- ●行う治療行為：投薬・検査・注射・手術などの医療処置

●内容と特徴
- ・負傷をした患部への部分的な治療をおもに行う
- ・医師が診療をし、診断書を書くことができる
- ・骨や組織の状態の異常を、レントゲン撮影によって検査・診断する

用　語　※ 手技（手技療法）⇒ 薬や道具を使わず、手で患部を押したり揉んだりさすったりして行う治療法。

用　語　※ 整形外科 ⇒ 病院診療のうち、骨と関節などをあつかう診療科。

# 仕事の魅力

## Q どんなところが やりがいなのですか？

痛みでつらそうだった人が、施術によって元気になっていく姿を見られるのがやりがいです。患者さんから感謝の言葉をもらったときはとくに、柔道整復師になってよかったと思います。

こうした「やりがい」を、私は授業のなかで伝えるようにしています。学生たちに柔道整復師を目指すことのすばらしさに気づいてほしいからです。私の思いが学生に伝わったときは、専任教員としての喜びを感じます。

## Q 仕事をする上で、大事に していることは何ですか？

患者さんと向き合うことの大切さを教えることです。

学生のなかには、教科書の知識だけで施術ができると思ってしまう人がいます。しかし実際は、患者さんの生活習慣を知り、個々の対応を考えなければよい施術はできません。目の前の患者さんに合わせた治し方を考えて、施術を行うことが重要なのです。

患者さんに話をしてもらうには、話をしやすい環境をつくることも大切です。授業では、質問するときの口調や表情なども教えるようにしています。

## Q なぜこの仕事を 目指したのですか？

中学、高校とバレーボール部に入っていたため、よく、捻挫や肉離れなどのけがをしていました。通った接骨院で親身に施術してもらい、医療系の仕事に興味をもちました。

高校3年生のころ進学に悩んでいたときに、作業療法士の資格をもつ姉が相談にのってくれました。仕事の内容を聞かせてくれたほか、さまざまな医療系の資格について教えてくれたんです。そのなかで私がとくに興味をもったのが、スポーツ選手の身近で働く柔道整復師でした。

専任教員を目指したのは、もっと多くの患者さんの助けになりたいと思ったからです。よい柔道整復師を育てることが助けにつながるのではないかと考え、教員資格をとりました。

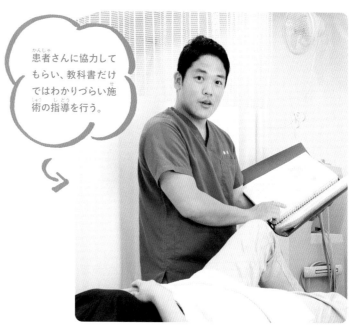

患者さんに協力してもらい、教科書だけではわかりづらい施術の指導を行う。

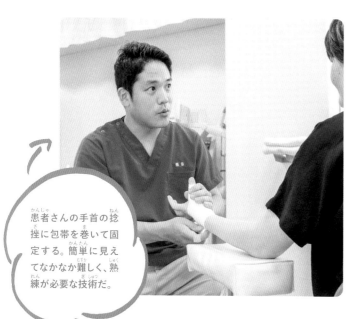

患者さんの手首の捻挫に包帯を巻いて固定する。簡単に見えてなかなか難しく、熟練が必要な技術だ。

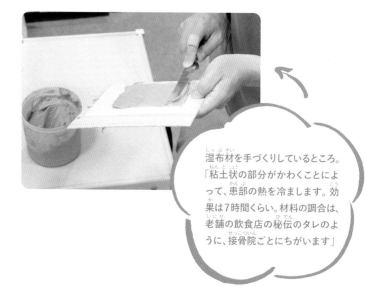

湿布材を手づくりしているところ。「粘土状の部分がかわくことによって、患部の熱を冷まします。効果は7時間くらい。材料の調合は、老舗の飲食店の秘伝のタレのように、接骨院ごとにちがいます」

## Q 今までに どんな仕事をしましたか?

日本体育大学医療専門学校を卒業後、学校附属の日体接骨院に就職しました。接骨院には専任教員の資格をもっている人が多くいて、実習で学生がやってくることもありました。私も先生の補助として学生と関わり、ちょっとしたアドバイスをしたり、実演をしてみせたりしていました。

そのうちに専任教員の資格をとりたいと思うようになり、接骨院で3年間働いた後、教員になるための勉強をして試験を受けたんです。柔道整復師を目指す人を教える先生の試験なので、学生が受ける試験よりも難しかったですが、合格できました。

その後は、母校で学生に教える仕事をしながら、接骨院の院長としても働いています。

接骨院のスタッフに、患者さんについての情報を伝える。「院内での情報共有は、とても大切な仕事です」

## Q 仕事をする上で、難しいと 感じる部分はどこですか?

柔道整復師としては、どこまでを自分が診るべきかの見極めが難しいです。もう少し自分が施術を続ければ治るかもしれない、でも、整形外科に行ってもらったほうが患者さんにとってはよいかもしれない、という見極めです。

教員としては、感覚的に行っている施術を学生に対して言葉で説明するときに、難しさを感じます。例えば、毎日患者さんに包帯を巻いている私にとっては、包帯巻きは「できて当然の施術」です。しかし私は学生に、単に巻くのではなく、けがの手当をする感覚を教えなければなりません。言葉での表現は難しいですが、工夫しながら伝えています。

## Q この仕事をするには、 どんな力が必要ですか?

柔道整復師として必要なのは、患者さんの話を聞く力です。痛みの原因となる日常の動作や習慣について、患者さん本人も気づいていないことがあります。世間話から痛みの原因がわかることもあるので、雑談も大事ですね。例えば、来るたびに腰痛が悪化している人の場合、ベッドから起き上がるときの動きが腰の負担になっていたことがありました。

柔道整復師の専任教員にとって大切なのは、学生との対話を大切にし、それぞれの理解度に合わせた授業を行うことです。どちらにも、相手の話をよく聞いて理解する力と、得た情報から問題点を見つけて解決していく力が必要です。またこの仕事は、だれとでも臆することなく話せる人に向いていると思います。患者さんにも、専門学校で学ぶ学生にも、年代、性別を問わずいろいろな人がいるからです。

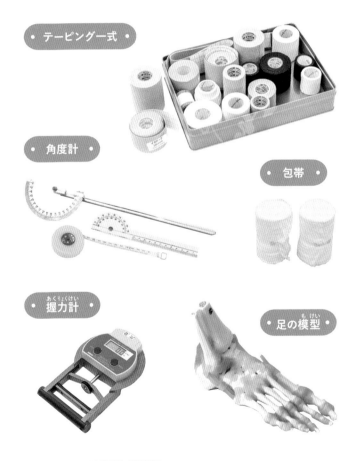

テーピング一式

角度計

包帯

握力計

足の模型

### PICKUP ITEM

包帯やテーピングの道具は、接骨院での施術には欠かせない。角度計は、患者の関節がどれくらい動くようになったか、握力計は、どのくらい握力がもどったかを計るのに使う。模型は、体の仕組みとけがの状態を学生や患者に説明するために使う。

# 毎日の生活と将来

## Q 休みの日には何をしていますか?

ふたりの子どもといっしょに過ごすことが多いですね。虫とりをしたり、近くの川に遊びに行ったりして楽しんでいます。子どもたちといると、疲れも飛んでいくんです。

そのほか、けがをした人の応急手当てをするボランティアスタッフとして、地域のスポーツ大会に参加することもあります。柔道整復師という職を活かして地域に貢献したいという思いから、参加するようになりました。接骨院や柔道整復師の存在を知ってもらうよい機会にもなります。

週末、地域の小学校のPTAバレーボール大会にボランティアで参加したときの写真。選手のふくらはぎにサポートテープを貼っている。

子どもたちと磯遊びをしているところ。「海は、いろいろな生きものに出合える楽しい場所です」

## Q ふだんの生活で気をつけていることはありますか?

患者さんのお手本となるように、体調管理には注意しています。バランスのよい食事をとり、適度な運動を心がけるなどの基本的なことが、自然治癒力を高めるもっとも効果的な方法だからです。

それでも、体に軽い痛みが出るなどの不調を感じることがあります。そんなときは痛みの原因を探り、どうしたら早く治るか考えます。患者さんの痛みを完全に理解するのは難しいことです。ですので、自分の体に痛みが出たら、けがのひとつの例と考えて回復までの経過を観察し、実際の施術に役立てています。

| | 月 | 火 | 水 | 木 | 金 | 土 | 日 |
|---|---|---|---|---|---|---|---|
| 05:00 | 睡眠 | 睡眠 | 睡眠 | 睡眠 | 睡眠 | | |
| 07:00 | 準備・食事 | 準備・食事 | 準備・食事 | 準備・食事 | 準備・食事 | 準備・食事 | |
| 09:00 | 移動 | 移動 | 移動 | 移動 | 移動 | 移動 | |
| 11:00 | 準備・食事 | 準備・食事 | 授業 | | 準備・食事 | | |
| 13:00 | | | 準備・食事 | | | 地域のスポーツ大会での救護活動 | |
| 15:00 | 施術 | 施術 | 授業 | 施術 | 施術 | | |
| 17:00 | 臨床実習 | 臨床実習 | | 臨床実習 | 臨床実習 | | 休日 |
| 19:00 | | | 移動 | | | 移動 | |
| 21:00 | 移動 | 移動 | 準備・食事 | 移動 | 移動 | | |
| 23:00 | 準備・食事 | 準備・食事 | | 準備・食事 | 準備・食事 | | |
| 01:00 | | | | | | 休日 | |
| 03:00 | 睡眠 | 睡眠 | 睡眠 | 睡眠 | 睡眠 | | |
| 05:00 | | | | | | | |

### 熊谷さんのある1週間

週に4日、日体接骨院で患者に施術をし、学生の実習を指導する。水曜日のみ専門学校での授業を行う。休日には、ボランティアで地域の競技大会の救護活動に参加することがある。

## Q 将来のために、今努力していることはありますか？

人の体についてさらに知識を深め、施術方法の研究をしたいという思いがあります。そのため仕事をしながら大学院に通い、2年前に修士号※を取得しました。

大学院である研究をしていたときに、柔道整復師とはどんな仕事だと思うか、患者さんたちにアンケート調査をしたことがありました。すると、ほとんどの人がよくわからないまま接骨院に通っていることがわかりました。

このことに気がついて以来、柔道整復師の仕事をもっと多くの人に知ってもらうための活動にも力を入れています。例えば、この本でみなさんにお話しているのも活動のひとつです。

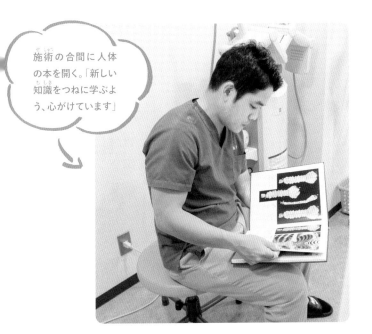

施術の合間に人体の本を開く。「新しい知識をつねに学ぶよう、心がけています」

## Q これからどんな仕事をし、どのように暮らしたいですか？

「接骨院の先生」として地域の人々の暮らしをサポートしながら、柔道整復師を目指す人たちに、私の経験や知識を伝えることを続けていきたいです。

「地域包括ケア」といって、地域の病院や介護施設などが連携し、協力して住民をケアをする取り組みがあります。厚生労働省が提唱しているもので、ケアが必要な人が施設ではなく自宅で暮らせることを目標にしています。接骨院も、この取り組みに積極的に参加できればよいと思います。

今でも、治療を整形外科にまかせるべきだと判断したときは、医師へ手紙を書いてお願いしたり、反対に医師から施術を頼まれたりすることがあります。早く治すには、最適な方法で治療にあたることが大事だからです。

接骨院は病院とちがって毎日通うことができ、施術者との密なコミュニケーションが可能な場所です。体に感じる痛みや違和感をがまんして生活している人たちが、気軽に相談できる場所にしたいです。

熊谷さんが院長をつとめる日体接骨院。地域の人たちに、なくてはならない場所として親しまれている。

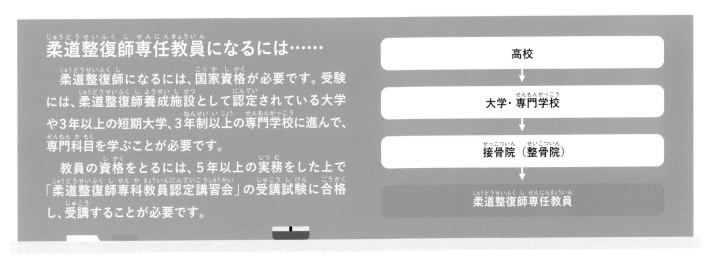

### 柔道整復師専任教員になるには……

柔道整復師になるには、国家資格が必要です。受験には、柔道整復師養成施設として認定されている大学や3年以上の短期大学、3年制以上の専門学校に進んで、専門科目を学ぶことが必要です。

教員の資格をとるには、5年以上の実務をした上で「柔道整復師専科教員認定講習会」の受講試験に合格し、受講することが必要です。

高校
↓
大学・専門学校
↓
接骨院（整骨院）
↓
柔道整復師専任教員

用 語　※ 修士号⇒大学院の博士前期課程を修了するか、定められた単位を取得し、修士論文を提出して大学院を卒業した際に授与される学位。

# 子どものころ

## Q 小学生・中学生のとき、どんな子どもでしたか？

　小学生のころは、よく友だちと近くの川に行って釣りをしていました。動物も大好きで、将来は獣医師になろうと思っていたくらいです。

　中学校に入ると、親のすすめで美術部に入りました。私は絵を描くのが好きだったので、両親もすすめたのだと思います。ところが入ってみると、ものすごく絵が上手な人ばかりで、ここは自分のいる場所ではないと感じるようになりました。

　そんなとき、バレーボール部の友だちからいっしょにやらないかと誘われ、転部を決めました。まわりには体をきたえたいから転部すると言っていましたが、じつは、スポーツをして人気者になりたいという気持ちもありましたね。

バレーボール部で活躍していたころ。初めて本格的にスポーツをし、夢中になった。

美術の授業で、花瓶のデッサンに取り組んでいるところ。

中学生時代に美術の授業でつくったアルバムの表紙。子どものときから、造形の作業が好きだった。

## 熊谷さんの夢ルート

**小学校 ▶ 獣医師**

動物が好きだったから。

▼

**中学校 ▶ 農家**

親の実家、香川県の農家で、農業の手伝いをしていたため。また、自然が好きだったから。

▼

**高校 ▶ 医療関係の仕事**

部活動でけがをしたときに、接骨院にお世話になったから。

▼

**専門学校 ▶ 柔道整復師**

接骨院で働く柔道整復師になりたかった。

▼

**接骨院 ▶ 柔道整復師専任教員**

学生に柔道整復術を教える先生を目指した。

## Q 子どものころにやっておけばよかったことはありますか？

　中学生のころの私は、興味があっても、できない理由ややらない理由を先に考えて、あきらめてしまうことが多かったように思います。

　例えば部活にしても、本当は初めからスポーツ系の部活に興味があったのに、体力がないから無理だろうとか、親がすすめるものに従った方がいいだろうと思って選びませんでした。自分から行動を起こすことに不安を感じていたのかもしれません。

　どんなささいなことでも、興味をもったことはやってみることが大切だったと感じます。たとえ無謀な挑戦だったとしても、どうすれば実行できるかを考え、計画を立てて行動することが、貴重な経験になるからです。

## Q 中学のときの職場体験は、どこに行きましたか？

中学3年生のときに、保育園に行って保育士さんの仕事を体験しました。ほかにも美容室や飲食店などいくつか候補がありましたが、自分が通っていた保育園に行けると知って選びました。

そのほか、卒業生が来て仕事の話をしてくれる講演の授業もありました。コンビニエンスストアの経営者が、商品の並べ方によってお店の売り上げが変わるなど、経営について話してくれたように記憶しています。

## Q 職場体験ではどんな印象をもちましたか？

私は3人きょうだいの末っ子だったので、弟や妹がほしいなと思っていました。そのため保育園で子どもたちとふれ合えて、とても楽しかったです。

その一方で、保育士さんはつねに子どもたちを見守り、体調面や安全面にも気を配らなければならない仕事だということもわかり、大変な仕事だと思いました。

講演の授業では、お店の経営について話をする卒業生の姿がとてもかっこよく見えました。私もこのように授業によばれる大人になりたいと思ったのを覚えています。

## Q この仕事を目指すなら、今、何をすればいいですか？

まずは自分の体について知ることから始めると、よいと思います。例えば、運動して筋肉痛になったら、どこの筋肉が痛いのかよく確かめてください。人体図鑑などで調べてみるのもよいかもしれません。そして、筋肉痛が治る過程を観察していくと、人の体の回復力について学べます。

また、柔道整復師の仕事は、困っている人を助けたいという気持ちが何よりの基本です。相手のことも自分と同じよう思いやる心を大事にして、まわりに接してほしいです。

私自身、このことを身をもって学生たちに示せる教員でいるために、どんなにいそがしくても思いやりを忘れないようにしています。

患者さんと向き合い、また向き合うことの大切さを学生に伝えています

## － 今できること －

ふだんの暮らし

部活動や学外のクラブに参加して、運動やスポーツに積極的に取り組みましょう。体を動かしたり、けがの手当てをしたりする体験をしておけば、柔道整復師になったときに、けがをした患者さんの気持ちをよく理解して施術にあたることができるはずです。

また将来、教員として多くの学生と向き合い、ひとりひとりに適した指導を行えるように、スポーツなどを通じてチームメイトそれぞれと向き合いながら深くつきあう経験を重ねておくこともおすすめです。

 国語
患者さんや、施術の方法を学ぶ学生と対話をすることが多い仕事です。国語のグループディスカッションを通じて、相手の話をよく聞き、わかりやすい言葉を選んで話す力をのばしましょう。

 理科
第2分野で学ぶ人体のつくりや働きに関する学習を通して、体の構造への関心を深めておくとよいでしょう。

 体育
体育で、けがをしにくい適切な体の動かし方を学びましょう。学びのためにも、安全や健康に気をつけながら運動やスポーツに取り組むことが大切です。また保健の授業では、包帯の巻き方などの応急手当てを学び、落ち着いてけがへ対処する練習をしましょう。

# 助産師

## Midwife

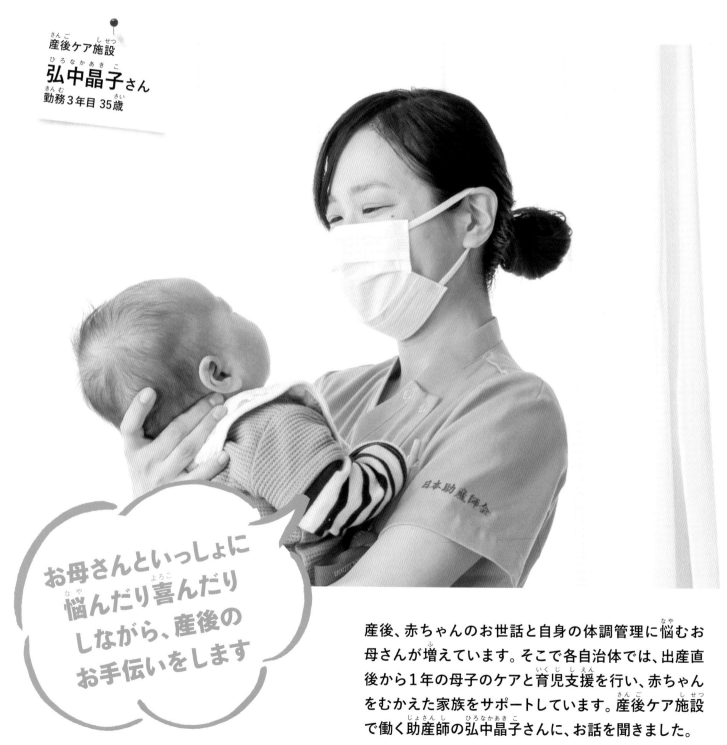

産後ケア施設
**弘中晶子**さん
勤務3年目 35歳

お母さんといっしょに
悩んだり喜んだり
しながら、産後の
お手伝いをします

産後、赤ちゃんのお世話と自身の体調管理に悩むお母さんが増えています。そこで各自治体では、出産直後から1年の母子のケアと育児支援を行い、赤ちゃんをむかえた家族をサポートしています。産後ケア施設で働く助産師の弘中晶子さんに、お話を聞きました。

用語 ※ 助産所 ⇒ 助産師が妊婦の出産の補助をする場所。妊産婦と新生児に保健の指導も行う。医療行為はできない。

# Q 助産師とは どんな仕事ですか？

助産師は、出産を助け、母子の命と健康に関わる支援を行う仕事です。母子に医療的なケアが必要ない出産に限り、医師がいない場所で赤ちゃんが産まれるときのお手伝いができます。また、赤ちゃんが生まれる前の女性、出産後の女性、生まれた赤ちゃんが健康に過ごすことができるようにサポートし、保健指導を行います。働く場は病院や地域の助産所※、保健所などさまざまです。

私は産後ケア施設で働いています。私がつとめる施設では、産後4か月までの母子を対象に、赤ちゃんが加わった家族の新しい生活のお手伝いをしています。

お母さんと赤ちゃんは、日帰りの利用または1週間までの宿泊ができます。お母さんがどのようなお手伝いを希望しているのか、入所時に問診をしながらお話を聞き、宿泊の場合は24時間体制でケアをします。産後の体と心を休めてもらうと同時に、授乳に関する悩みや育児の困り事などの相談への対応を行います。

利用者には、初めての育児で不安がいっぱいの方や、生まれたばかりの赤ちゃんに加えて先に生まれたきょうだいのお世話にとまどっている方もいます。この施設では、日中に働く日勤の時間帯で助産師ひとりが受けもつのは4組程度の母子なので、ゆとりをもってケアを行っています。

同じ施設で働く保育士や公認心理師※、臨床心理士※などと協力しながら、お母さんに「産後ケア施設に来てよかった」と思ってもらいたいという思いで、日々働いています。

## 弘中さんのある1日

**（日勤の場合）**

| | |
|---|---|
| 08:00 | 出勤、宿泊児の沐浴（お風呂） |
| 09:45 | 施設長からの申し送り、新規入所者への問診と入所時オリエンテーション |
| 11:45 | ランチ |
| 12:45 | 母子のケア、スタッフミーティング |
| 16:00 | 夜勤職員への申し送り |
| 17:00 | 記録や報告書を作成して退勤 |

**（夜勤の場合）**

| | |
|---|---|
| 16:00 | 出勤、日勤職員からの申し送り |
| 16:30 | ケア開始 |
| 18:00 | 検食（提供する食事を試食して確認） |
| 21:00 | 4時間の仮眠をとる |
| 01:00 | 母子のケア |
| 08:00 | 日勤職員への申し送り、記録を作成 |
| 09:00 | 検食をして退勤 |

赤ちゃんの成長を確認するための体重計。

---

## 弘中さんが働く産後ケア施設で行っているケア

**● 授乳支援・乳房のケア**

授乳が軌道にのるまでは、母子ともに練習が必要だ。アドバイスをしたり見守ったりして、授乳に不安のある母親を支援する。乳房トラブルにも対処し、乳房のケアを行う。

**● 育児技術習得の支援**

泣く赤ちゃんをあやしたり、抱っこしたり、寝かしつけたりするのにもコツが必要。母親に抱っこの仕方やおむつ交換、スキンケアなどの育児技術も伝える。

**● 休息をとるための支援**

産後の母親は、昼夜の区別がついていない赤ちゃんのお世話で睡眠不足になりがち。必要なときはスタッフが赤ちゃんを預かるなど、母親が休める環境を整える。

**● 食事の提供**

母親は育児で手一杯になり、自分の食事がままならないことも多い。施設では入所中の母親に1日3食の食事を提供する。食事に問題がないか、施設長か在勤のスタッフが検食を行う。

**● オンライン相談・電話相談**

オンラインでのやりとりや電話で、産後の育児や生活について不安をかかえる人の相談にのる。母親に限らず、家族も参加できる。

---

用　語　※ 公認心理師 ⇒ 心理学に関する専門的知識と技術をもって助言や指導、援助、分析を行う人。国家資格。

用　語　※ 臨床心理士 ⇒ 民間資格で、心理学に関する専門的知識と技術をもつ専門家。

# 仕事の魅力

## Q どんなところが やりがいなのですか?

ケアを通して、赤ちゃんをむかえた家族の役に少しでも立てたと感じられることがやりがいです。赤ちゃんが泣いてばかりで寝ないと悩むお母さんには、赤ちゃんを抱っこしてもらっていっしょに見守りました。寝かしつけに成功したときのお母さんのうれしそうな表情は、忘れられません。

私ではなく、お母さんやその家族の方が赤ちゃんのお世話を実践することで、「自分でできた」という感覚をもってもらえることがいちばんうれしいです。ケアによってお母さんの表情が明るくなったり、「自分でもできそう」と思ってもらえたりすると、私も元気をもらえます。

授乳について悩んでいるお母さんの相談にのる。「赤ちゃんが母乳を飲み取りやすくするためのケアを提案しました」

## Q 仕事をする上で、大事にしていることは何ですか?

私自身の価値観を押しつけないよう、相手の思いを確認することを大事にしています。

例えば、授乳方法に対する思いなど、育児に対する考え方や育児環境は人それぞれです。せっかく相談をしてくれたのに、助産師から「そうではなくてこうです」と考えを押しつけられたら、利用者さんは自信をなくしてしまうかもしれません。お母さんの言葉の意図や考え方についてたずねながら、その方の気持ちをくみ取ることを心がけています。

## Q なぜこの仕事を 目指したのですか?

看護大学で学んだとき、病気にならないようにするためのケアの大切さを実感しました。子どもたちの心と体の健康を支えたいと思い、小学校の養護教諭になりました。

保健室で働くうちに、子どもを心配する保護者の方の切実な思いを知りました。保護者の方からのちょっとした育児相談にのれたらよいのに、と思う場面がたくさんあったんです。子どもたちが元気でいるためにも、育児に向き合う保護者の方の力になりたいという思いとともに、知識や経験不足からうまく寄りそえないことへのもどかしさがつのりました。

その思いを大学のときの先生に相談すると、「助産師を目指しながら、勉強し直す道もある」と助言してもらいました。これが、今の仕事に就いたきっかけです。助言を受けた後、大学院に進学して勉強し、助産師資格をとりました。

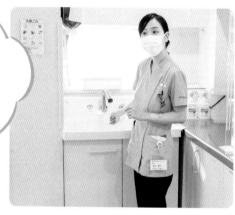

「お母さん自身がここで沐浴の練習をするのを、サポートすることもあります」

「お母さんが笑顔になってくれることが多いので、沐浴のときやお預かりしたときの赤ちゃんのようすを、できる限りお母さんに伝えています」

## Q 今までに どんな仕事をしましたか？

大学卒業後に3年半、小学校で養護教諭をしました。その後大学院で勉強をし、助産師の資格を取得しました。

助産師の仕事は、妊娠から産後にいたるまでの母親の心身のケア、赤ちゃんの健康管理と、範囲がとても広いです。妊娠・出産について総合的に学びたいと考え、資格取得後は総合周産期母子医療センターで3年間経験を積みました。このセンターは産科と新生児科の両方があり、出産前後の時期に必要な高度医療を提供する施設です。

その後、地域での育児支援を勉強したいという思いで転職活動をしていたときに、産後ケア施設の存在を知りました。そして現在の施設に就職しました。

スタッフルームで、ほかのスタッフと打ち合わせをする。利用者についての情報を共有し、ケアの方針を決める。

## Q 仕事をする上で、難しいと 感じる部分はどこですか？

利用者の方が本当に求めていることを引き出すことに、難しさを感じます。入所時の問診で確認することのなかには、育児環境やその方が歩んできた道など、ときには繊細な内容もふくまれます。本当に必要なケアはどんなことなのか、退所後も困らないようにするにはどうすればよいのか、を考えるためです。相手が心を閉ざさないよう、信頼してもらえるように聞いていくことが、難しいと感じます。

どこまで私たちがお手伝いすべきかの見極めも、難しいです。休養してもらうことと、本来お母さんと赤ちゃんがもっている力の発揮をじゃましないこと、このバランスに悩みます。振り返りを行い、スタッフどうしで相談し合いながら、よりよいケアを模索しています。

## Q この仕事をするには、 どんな力が必要ですか？

目の前の相手のことを知ろうとし、その方にとっての最善は何かを考える力が必要です。例えば、このお母さんは元気そうだから悩んでいないだろうと、思いこみで判断をしないことです。表情や仕草など、言葉以外にも相手を知るヒントはたくさんあります。

以前、ある利用者さんの表情がくもっていると感じたときがありました。その方は何も言わなかったのですが、「ちょっと話しませんか？」と声をかけてみたんです。するとその方は、赤ちゃんのお世話についての悩みを泣きながら語られました。その場でじっくり話を聞き、休んでもらいました。翌朝、「思いを吐き出せてよかった」と笑顔で退所されたので、違和感に気づけてよかったと印象に残っているできごとです。

お母さんのかかえるつらさは、家族全体の問題でもあります。お母さんを支え、そしてその家族にも目を向けてサポートする姿勢が、家族全体の力を引き出すことにつながると思っています。

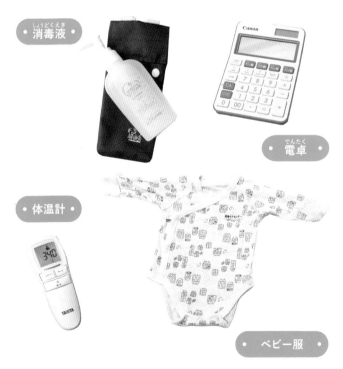

・消毒液
・電卓
・体温計
・ベビー服

## PICKUP ITEM

スタッフは、消毒液を腰のホルダーに差していつでも使えるようにしている。母子の体調を確認するのに、体温計も必須だ。電卓は、赤ちゃんの体重の増え方の確認や、赤ちゃんに必要な母乳やミルクの量の計算に使う。入所者の持参するベビー服が足りなくなったときのために、服も常備している。

# 毎日の生活と将来

## Q 休みの日には何をしていますか？

　夜勤があるため、睡眠時間が日によってちがいます。どうしても生活が不規則になるので、休日は体を休めるようにしています。休日が続くときは、友人と会ったり散歩をしたりします。それに、体を動かすことも好きですね。仕事をしている時間と休日の時間は、しっかりと切りかえて過ごしたいと思っています。

　部屋の掃除もリフレッシュになります。日勤が続くと掃除をする時間をなかなかとれないので、休日に時間をとって部屋を整えます。部屋が整っていると、気持ちも落ちついて前向きになれます。

「今読んでいる本です。養護教諭として働いていたときの同僚がプレゼントしてくれたブックカバーを、大切に使っています」

「姉の子どもとよく遊びます。姉の家族の妊娠・出産・子育てを近くで見ながら、助産師として勉強させてもらっています」

## Q ふだんの生活で気をつけていることはありますか？

　おいしいご飯を食べて、しっかりと睡眠をとることを大切にしています。

　小学校で養護教諭をしていたとき、「子どもたちに生活のリズムを整えることの大切さを伝えるのであれば、自分自身も実践した上で伝えたい」と思いました。実践すると、心と体のつながりを実感しました。

　体が疲れていたら湯船につかって早めに寝ること、気持ちが疲れているときは、散歩などをしてあえて体を動かすこと。継続はなかなか難しいですが、リズムの整った生活を送ることの心地よさを知っていることが、ケアを行う上でも大切だと考えています。

### 弘中さんのある1週間

| | 月 | 火 | 水 | 木 | 金 | 土 | 日 |
|---|---|---|---|---|---|---|---|
| 05:00 | | | | ケア | | | |
| 07:00 | | | 睡眠 | 申し送り 検食 退勤 | | | |
| 09:00 | | 出勤 | | | | 出勤 | 出勤 |
| 11:00 | | ケア | | | | ケア | ケア |
| 13:00 | | 食事・休憩 | 帰宅後の仮眠 | | | 食事・休憩 | 食事・休憩 |
| 15:00 | | ケア ミーティング | | | | ケア ミーティング | ケア ミーティング |
| 17:00 | 休日 | 申し送り・記録 退勤 | 出勤 申し送り | | 休日 | 申し送り・記録 退勤 | 申し送り・記録 退勤 |
| 19:00 | | | ケア | | | | |
| 21:00 | | | | | | | |
| 23:00 | | | 仮眠・休憩 | | | | |
| 01:00 | | | | | | | |
| 03:00 | | 睡眠 | ケア | 睡眠 | | 睡眠 | 睡眠 |
| 05:00 | | | | | | | |

　この週は、日勤が3日で、水曜日が夜勤となっている。夜勤明けの日はゆっくりと体を休める。勤務時間が不規則なので、体調管理も大事な仕事だ。

## Q 将来のために、今努力していることはありますか？

　妊産婦の精神面の健康をケアするための勉強に力を入れています。お母さんたちと接していると、出産後にうつ状態になる方や、精神面に不安をかかえながら妊娠・出産・育児を経験している方に出会います。そのような方のニーズに合った適切なケアを行うために、研修などに参加して学んでいます。

　また、以前に働いていた病院では経験が少なかった、乳腺炎などの乳房トラブル予防のケアや、卒乳時の乳房ケアを勉強中です。先輩に相談するなどして、乳房ケアの具体的な技術を向上させようとがんばっているところです。

　どんなことが母子にとってよいことなのか、学説や最新情報が日々更新されていきます。そのため、つねに勉強が欠かせません。

## Q これからどんな仕事をし、どのように暮らしたいですか？

　私は、助産師の役割は、お母さんとその家族が本来もっている力を引き出すことだと考えています。私がお手伝いしたからできるようになったというのではなく、コツを伝えたり、「このままで大丈夫」と声をかけたりすることで、お母さんたちが育児に自信をもてるよう、支えになりたいです。

　私の「大丈夫」の言葉を信じてもらうには、まず私という人間を信頼してもらう必要があります。何気ない会話で話がはずみ、それが信頼関係に結びつくこともあります。私の会話の引き出しが多ければそのチャンスも増えると思うので、これからは雑学や趣味など、仕事以外の知識のはばも広げたいです。

　雑学が豊富な人のことを、ゆとりがあるようで魅力的に感じます。私もいろいろなことを吸収して、ゆとりのある人になっていきたいです。

「施設長と、出産後のお母さんのメンタルヘルスケアについても話をします。もっと勉強していきたいです」

産後ケア施設を利用中のお母さんと話をする。きょうだいがいる場合の育児と家事の両立の難しさについて、相談を受けた。

## 助産師になるには……

　助産師の国家試験を受けるには看護師資格を取得する必要があります。そのため、まずは看護大学や看護専門学校に進んで看護師国家試験の合格を目指すことが一般的ですが、看護師と助産師の資格試験を同時に受けることもできます。ただし、助産師資格の受験には、大学または大学院などの助産師養成課程の教育を受けていることが必要です。

```
                    高校
           ┌─────────────┴─────────────┐
           ↓                           ↓
        大学              大学・看護専門学校（看護師資格取得）
   （助産師養成                        ↓
     課程）              大学院・大学専攻科、別科・助産師学校
           ↓                           ↓
 看護師・助産師国家資格取得        助産師国家資格取得
```

# 子どものころ

## Q 小学生・中学生のとき、どんな子どもでしたか？

友だちと手紙を交換したり、帰り道におしゃべりするのが好きでした。小学生のころから朝は苦手で、それは今でも変わっていません。

運動に関して、持久走は得意でしたが、球技などの競技は苦手でした。小さいころからダンスは好きで、中学ではダンス部に入りました。文化祭や学校内のイベントでの発表が楽しかったです。ダンス部時代の友だちとは今も交流があり、大切な存在です。

勉強はふだんはなかなかのり気になれず、試験直前にようやく取りかかり、つめこむ状態でした。今、仕事に活かすための勉強には前向きに取り組んでいるので、具体的な目標があれば積極的に打ちこめるということに大人になって気がつきました。

中学校の部活で発表したダンス。中央に写っているのが弘中さん。

修学旅行で、友人たちと部屋で過ごす弘中さん。「学校とはちがう場所で友だちと過ごす時間が、新鮮で楽しかったです」

## 弘中さんの夢ルート

**小学校 ▶ 獣医師**

飼っていた文鳥を診療してくれた獣医さんにあこがれた。

▼

**中学校 ▶ 美容師**

相手の心を元気にできる仕事に就きたいという思いから、美容師にあこがれた。

▼

**高校 ▶ 看護師**

治療（cure）ではなく、心のケア（care）をしたいと感じ、看護師になりたくなった。

**大学 ▶ 養護教諭、のちに助産師**

看護実習の経験から、養護教諭を目指した。小学校で養護教諭として働くうちに、子育てをしているお母さんを支えたいと感じ、育児支援を学ぶために助産師を目指して大学院へ進んだ。

## Q 子どものころにやっておけばよかったことはありますか？

本をたくさん読むことです。養護教諭を退職して大学院に進学するとき、同僚がブックカバーをプレゼントしてくれたんです。それがきっかけで読書が好きになりました。読書は心も豊かにしてくれるところが魅力で、もっといろんな本を読んでおけばよかったと感じています。

また、英語を話せるようになっておけばよかったです。私は英会話やリスニングが苦手でしたが、外国籍の方が入所したとき、うまくコミュニケーションがとれずにくやしい思いをしています。翻訳アプリなどを使ってある程度の会話はできますが、その方が本当に望んでいるケアを行うには、対話をしながらその方のもつ悩みや細かい背景をくみ取ることが大切です。今からでも勉強が必要だと感じています。

## Q 中学のときの職場体験は、どこに行きましたか？

私の通っていた学校では、職場体験をしに行くことはしておらず、外部から講師の方を招く講演会がありました。

グローバル社会についての講演があったことを覚えています。当時の私には聞き慣れない言葉でしたが、これからは日本だけでなく、海外にも目を向けていくことが求められるんだな、と感じました。

## Q 中学校ではどんな影響を受けたと感じますか？

通っていたのは中高一貫の学校でした。校長先生は朝礼などで日常的に「やればできる」という言葉を口にしていました。一代で小学校・中学校・高校・大学を創立した方だったので、生徒たちの士気を高める言葉に説得力がありました。

各教科の先生もやる気を高める言葉をかけてくれましたし、高みを目指して努力している友人にもめぐまれました。私は勉強が得意ではなかったですが、めげずに難しそうな目標にも挑戦していくことができたのは、中学校・高校で出会った先生や友人のおかげだと感じています。

高校の卒業式で、中学の担任の先生も看護大学に合格したことをいっしょに喜んでくれたことが、よい思い出です。

## Q この仕事を目指すなら、今、何をすればいいですか？

やりたいことに挑戦してほしいです。私は「やってみないとわからない」という思いで挑戦し続けていたら、今の仕事に出合いました。養護教諭から助産師への道をふりかえると、あらゆる経験や人との出会いが今につながっています。

助産師は、妊娠・出産・育児という人生の大切な時期に寄りそう仕事です。お母さん方やその家族が歩んできた道も、サポートできる内容もさまざまで、仕事のはばが広いと感じます。経験してきたことはすべて仕事に活かせると実感しているので、将来の仕事と関係なさそうなことでも、興味のあることはやってみることが大切です。

子どもたちの笑顔を守るために、母子とその家族の支えになりたい

---

## － 今できること －

ふだんの暮らし

疲れていたり困っていたりするお母さんの気持ちに寄りそう仕事です。思いやりの気持ちが欠かせません。友だちや家族が困っているときは、相手の話を聞いたり、相手のようすをよく観察したりして、その人にとってうれしいことを考えてみてください。また、多くの学校で行われる「いのちの授業」などで命の誕生に関するドキュメンタリー作品にふれ、生命に関する考えを深めていくとよいでしょう。機会があれば、自分が生まれたときのようすをまわりの人に聞いてみましょう。

 国語
さまざまな立場のお母さんの気持ちに寄りそえるように、物語を読んで登場人物の心情を想像してみましょう。読書をして知識や語彙を増やしておくことも大切です。

 保健
適切な健康管理の方法を学びましょう。また、心身の機能の発達や、体の成長にともなって生殖に関わる機能が成熟することを理解しておきましょう。

 家庭科
家庭科では家庭生活について学ぶことができます。母子の健康を支えるために、食生活と栄養に関する知識を身につけておくことも大切です。

 英語
海外の人をお手伝いすることもあります。英語でコミュニケーションをとれるようにしておくとよいでしょう。

# 大人用紙おむつ アドバイザー

## Disposable Adult Diaper Advisor

大王製紙
鈴木麻美さん
入社16年目 40歳

大人用紙おむつが
あれば、排泄の
不安を軽くできます！

高齢化にともない、排泄に関する不安をかかえて暮らす人が増えています。大人用紙おむつの販売店をまわってお店の人に接客方法の研修を行ったり、購入者に使い方をアドバイスしたりする仕事があります。アドバイザーの鈴木麻美さんに、お話を聞きました。

# Q 大人用紙おむつアドバイザーとはどんな仕事ですか？

病気やけが、高齢にともなう排泄機能の衰えなどで排泄に悩む人にとって、紙おむつはとても便利で喜ばれる商品です。私は、紙おむつを使用している人や使ってみようかなと思っている人、またその家族へ、紙おむつの正しい選び方や使い方をアドバイスする仕事をしています。

大人用の紙おむつは、高齢者や障がい者だけでなく、病気の人、けがや手術で一時的に使う人など、看護や医療の現場でもさまざまな人が利用しています。必要な時間帯や場所は、人それぞれです。就寝時や外出時だけ必要な人もいれば、万が一に備えてかばんに入れている人もいます。

私は、ドラッグストアや薬局で定期的に介護相談会を開き、使う人の体格や必要とする場面に合ったサイズ・種類の選び方、使い方を直接お客さまに説明します。

また、店頭でお客さまから聞いた生の声を、貴重な情報として商品の改良や新商品開発の担当者に伝えます。例えば、お客さまの声をもとに、パンツ型の紙おむつや蒸れにくい通気性のある紙おむつをつくってもらいました。また、体に密着するように切れこみを入れて漏れないようにし、尿を吸収するスピードを上げる工夫もしてもらいました。これらは小さな改良点ですが、すべて、店頭でお客さまの話を聞いたことからアイデアが生まれたものです。

そのほか、ドラッグストアや薬局を運営する会社へ行き、従業員、薬剤師に、介護の知識や紙おむつのすすめ方の研修を行う講師も担当しています。

## 鈴木さんのある1日

| 09:00 | リモート勤務開始。自宅でメール確認後、担当のドラッグストアを訪問。売り場を確認し、商品を納品する |
| 10:00 | 店頭での介護相談会を開催 |
| 12:00 | ランチ |
| 13:00 | 店舗にて商談後、退店 |
| 14:00 | 地域の高齢者のための介護相談会でアドバイスをする |
| 16:00 | 自宅へもどってメール確認、資料作成、社内へ情報共有、打ち合わせ |
| 17:30 | 退勤 |

大王製紙の大人用紙おむつ商品「アテント」。前後をテープで止めるテープ式やパンツタイプ、尿とりパッドを併用するものなど、さまざまな種類がある。

---

## 紙おむつアドバイザーの仕事

大王製紙では、紙おむつアドバイザーの担当をふたつに分けている。街なかのドラッグストアや薬局をまわるアドバイザーと、病院や介護施設をまわるアドバイザーだ。鈴木さんはドラッグストア・薬局を担当している。

### ドラッグストア・薬局担当

●訪問先
ドラッグストア・薬局

●アドバイスをする相手
紙おむつを買うお客さま・お店で働く人

●仕事内容
・お客さまの介護に関する悩みや相談に応じる
・必要とする人に合った紙おむつを紹介する
・お店で働く人に紙おむつについての勉強会を開く
・紙おむつの売り場を整え、必要な個数を納品する

### 病院・介護施設担当

●訪問先
病院・介護施設

●アドバイスをする相手
施設で働く人

●仕事内容
・看護師や介護士に商品の正しい使い方を教える
・患者さんや要介護者の方それぞれにぴったりの紙おむつについて、アドバイスする
・各施設で必要な紙おむつの種類と枚数を確認する

# 仕事の魅力

## Q どんなところが やりがいなのですか？

お客さまの意見を直接聞くことで、その人のかかえる悩みや問題が解決したときにやりがいを感じます。お客さまと喜びを共有できる瞬間が、私にとってはうれしいときです。

例えば、あるお客さまから「横向きに寝ると漏れる」という相談を受けました。その人は足のつけ根まわりが極端に細いために、すきまができて漏れたと考えました。そこで、開発部門に「脚のつけ根まわりを包むボクサーパンツタイプの紙おむつをつくってほしい」と依頼したんです。後日、できあがった商品を試してもらうと、本当に漏れなくなったと喜んでくれました。

## Q なぜこの仕事を 目指したのですか？

大学卒業後に、介護の仕事に就きました。利用者から信頼され、職場でも責任のある立場をまかされるなど、仕事は充実していました。ところが、経験を積むうちに、自分が福祉の世界しか知らないことに不安を感じるようになったんです。けれど、介護の仕事が好きでしたし、利用者にも迷惑をかけたくないと思うと転職の決心がつきませんでした。

するとある日、社会人として尊敬する父に「麻美ひとりがいなくなっても、施設はつぶれない」と言われたんです。その言葉で、「職場には自分がいなければならない」と思い上がっていたのではないかと気づきました。その後、大王製紙で介護の実務経験を活かせる「介護アドバイザー」という仕事を募集しているのを知ったとき、迷わず入社しました。

担当しているドラッグストアにやってきた鈴木さん。

ドラッグストアの店員さんに、新商品のよさについて説明する。

## Q 仕事をする上で、大事に していることは何ですか？

つねに会社の顔としてふるまうことを大事にしています。お客さまと接するときの自分の言動は、大王製紙という会社のイメージに直結するからです。例えば、お客さまが自社商品を購入したらそれで終わりではなく、満足してもらえたか、漏れや肌トラブルはないかなどを必ず確認します。お客さまに合う商品を探した結果、他社商品をおすすめする場合もあります。私が関わったお客さまが快適な介護生活を送れるよう、心に寄りそうことで、会社としての信頼が得られると考えています。

「大王製紙では、薄いパンツ型や当てて使うパッドタイプのものなど、さまざまなタイプをそろえています。これはパンツ型のものです」

用語 ※地域包括ケア ⇒ 要介護者が自宅で暮らせるよう、自治体で医療や介護などの支援サービスの体制を整える取り組み。

## Q 今までにどんな仕事をしましたか？

入社時、私の役割ははっきり決まっていませんでしたが、会社はドラッグストアなどで紙おむつが売れるこれからの時代を見すえていました。そこで、介護の経験がある私が店頭に立って、介護相談会を始めることになったんです。

相談会を重ねるうちに、私の知識や経験を役立てられることがわかってきました。そこで、紙おむつについての知識がない販売店の従業員に研修を始めたんです。また、実際にお客さまから聞いた声を社内に届けました。すると、商品開発には「介護アドバイザー」の意見が必要だと言われるようになり、私の意見が開発に反映されました。このように自分で仕事を開拓することで、仕事のはばが広がりました。

## Q 仕事をする上で、難しいと感じる部分はどこですか？

相談会ではアドバイスや説明を口頭でするため、介護の知識がない人には伝わりづらく、理解してもらうのが難しいんです。紙おむつの当て方を実演して見せても、お客さまが実際にやってみると、アドバイス通りにできないということがよくあります。そんなときは、介護業務を経験した身として直接お世話をできないのが歯がゆく、つらさを感じます。

解決策として、QRコードを印刷した案内紙を店頭で配り、スマートフォンなどでコードを読み取って紙おむつの当て方を撮影した動画を見てもらえるようにしました。また地域包括ケア※の相談窓口を紹介するなどして、必要な人に適切な支援が届くようにしています。

「家族が使っているんですが、どうしても漏れてしまって……」とお客さんに相談された。親身に相談にのる鈴木さん。

## Q この仕事をするには、どんな力が必要ですか？

紙おむつアドバイザーは、介護用おむつという商品を通して、お客さまや販売店、商品の開発部門やマーケティング※部門など、さまざまな人たちへの働きかけが必要な仕事です。

そこで役立つのは、医療・介護現場で必要な「アセスメント能力」です。アセスメント能力とは、お客さまが何に困っているのかを観察する力であり、その人には何が必要なのかを考察する力です。例えば、顔色が悪いとか、尿臭がするという気づきから「体調が悪いかもしれない」「おむつがずれているのではないか」と考えます。さらに、「何かあったのかな」と想像する力も大切です。

この仕事は、人間が好きな人や人間に興味がある人に向いています。「つい助けてあげたくなる」、そんなお世話好きでお節介なタイプの人に、ぴったりだと思います。

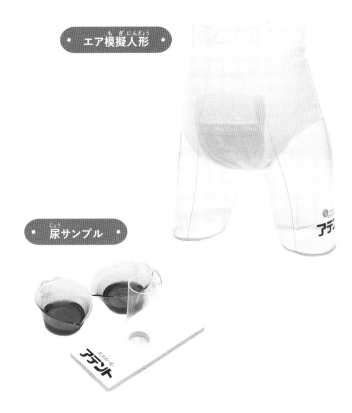

エア模擬人形

尿サンプル

### PICKUP ITEM

相談会では、紙おむつの正しい当て方、はかせ方を説明するのに、空気を入れてふくらませる人形が欠かせない。尿サンプルの青い水を尿に見立てて、紙おむつの吸水スピードを見てもらったり、紙おむつの当て方によって尿漏れする場合としない場合にちがいがあることを実演したりする。

用語 ※ マーケティング⇒お客さんの求めている商品やサービスを調査し、商品づくりや販売の方法を工夫すること。

## 毎日の生活と将来

### Q 休みの日には何をしていますか？

　休日には自然を求めて外へ出かけ、6歳の娘と走りまわっています。娘はじっとしていないタイプなので、毎週どこかの公園などに行きます。水があれば入り、山があれば登り、自転車にも乗って、活発に動いています。

　夫婦共通の趣味は、音楽です。結婚前は、毎年夏に大好きな音楽の野外イベントに出かけていました。娘も音楽やダンスが好きなので「いつか家族で世界中の音楽イベントを旅してみたい」という夢をいだいています。

「近所の小さな音楽イベントに、初めて娘を連れて家族で参加したときの写真です。子連れデビューにぴったりのイベントでした」

「貝殻を拾いたいと娘が言うので、神奈川県藤沢市の辻堂の海岸へ行きました」

「家族でドライブ中に、散歩にぴったりの道を発見しました」

### Q ふだんの生活で気をつけていることはありますか？

　プライベートでドラッグストアなどのお店に行ったときは、つい、介護おむつの売場を確認してしまいます。気をつけているわけではありませんが、自然に、棚にどんな商品が並んでいるか、お客さまが何を購入しているかなど、細かいところも確かめています。

　そのほか、介護に関わる法律改正や介護業界の動き、他メーカーの動きなどにも、つねにアンテナを張るようにしています。重要な情報や最新のできごとなど、自分で集めた情報はスマートフォンにメモをします。その内容を、社内の「情報メモ」というシステムに入力します。各社員が入力した、商品の売れ行きや消費者の消費行動の傾向、他社の情報などは、社員全員がいつでも見ることができます。

### 鈴木さんのある1週間

| | 月 | 火 | 水 | 木 | 金 | 土 | 日 |
|---|---|---|---|---|---|---|---|
| 05:00 | | | | | | | |
| 07:00 | 家事育児 | 家事育児 | 家事育児 | 家事育児 | 家事育児 | | |
| 09:00 | 始業・ミーティング | 始業・取引先訪問 | 始業・ミーティング | 始業・ミーティング | 始業・ミーティング | | |
| 11:00 | 事務作業 | 介護相談会 | 取引先企業の研修 | 事務作業 | 事務作業 | | |
| 13:00 | 食事 | 食事 | 食事 | 食事 | 食事 | | |
| | 店舗訪問 | 店舗訪問 | 社内会議 | 店舗訪問 | 取引先訪問 | | |
| 15:00 | 地域の介護勉強会 | 売り場の整理 | 店舗訪問 | | 施設で介護研修 | | |
| 17:00 | 退勤 | 退勤 | 退勤 | 事務作業・退勤 | 事務作業・退勤 | 休日 | 休日 |
| 19:00 | | | | | | | |
| 21:00 | 家事育児 | 家事育児 | 家事育児 | 家事育児 | 家事育児 | | |
| 23:00 | | | | | | | |
| 01:00 | | | | | | | |
| 03:00 | 睡眠 | 睡眠 | 睡眠 | 睡眠 | 睡眠 | | |
| 05:00 | | | | | | | |

保育園への送りむかえや寝かしつけなど、子育てでいそがしい毎日。店舗を訪問するスケジュールは自分で組み立てられるので、働きやすい仕事だ。

用語　※ EC サイト ⇒ EC は「electronic commerce（電子商取引）の略。インターネットで商品を販売する WEB サイトのこと。

## Q 将来のために、今努力していることはありますか?

　あと少し時間が経てば、インターネット文化に慣れ親しんだ世代が高齢者になります。すると、介護おむつの商品もSNSでの情報収集やECサイト※での購入が主流になると考えています。

　例えば、有名人やインフルエンサーといわれる人が「介護にはアテント」「アテントがばつぐんによかった」とSNSでおむつを紹介したら、大きな宣伝効果があるはずです。

　私にはIT※の知識に苦手意識があるので、必死に勉強しています。今の小・中学生が大人になったときに置いていかれないように、社内のデジタル推進部から資料をもらって、WEBサイトやSNSの仕組みについて学んでいます。

## Q これからどんな仕事をし、どのように暮らしたいですか?

　私にとって、仕事と子育ては、どちらも欠かせない大切なものです。私がフルタイムで働き始めたことで娘は小さなころから保育園に通うようになり、さびしい思いをさせていないだろうかと悩むこともありました。

　今では、ありがたいことにその娘が私の仕事をだれよりも応援してくれるよき理解者です。娘と買い物に行くと、いち早く「あの人、ママの商品買ってくれてる、ありがたいね」と教えてくれますし、私が講師をした動画もくりかえし見てくれるのはとてもうれしいです。そんな娘を見て安心する毎日を過ごしています。

　ドラッグストアなどのお店から、業務時間外に研修依頼が入ることもあります。保育園のおむかえや買い物などふだんの生活も大切にしていますが、仕事には臨機応変な対応も求められます。両親や夫の協力を得て、家族みんなで時間を調整してのりこえています。

　もうすぐ、ふたり目の子どもが生まれます。子どもたちに誇れる仕事をすることが、私のいちばんの目標です。

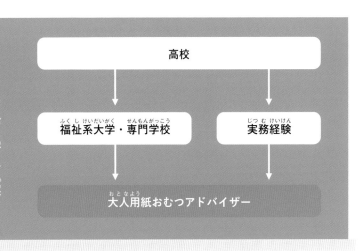

会社の受付にて撮影。「入社して15年、紙おむつも進化して便利になりました。だれもが快適に誇りをもって生活できる社会にするために、これからも仕事をしていきたいです」

---

## 大人用紙おむつアドバイザーになるには……

　介護が必要な人に対して十分な支援やアドバイスを行うには、多くの場合、介護福祉士の国家資格の取得が求められます。受験するには、介護福祉学部や生活科学部、社会学部などの介護福祉士養成課程がある大学などを卒業するか、または介護施設などで3年以上の実務経験を積んで専門知識を身につける必要があります。

```
          高校
         ↓            ↓
福祉系大学・専門学校    実務経験
         ↓            ↓
      大人用紙おむつアドバイザー
```

---

用語　※IT ⇒インターネットなどの通信とコンピューターとを使いこなす情報技術。

# 子どものころ

## Q 小学生・中学生のとき、どんな子どもでしたか？

　人前に出ることが好きな子どもでした。小学校最後の学芸会ではミュージカルの主役に選ばれて、ひとりでステージの中央に立って歌いました。このときの大勢の人を前に歌った度胸が、多くの人を相手にする現在の講師の仕事につながっているのかもしれません。

　本が好きで、小学生のころは暇さえあれば図書館に通ってずっと本を読んでいました。本来は貸出数に制限があるのですが、私が毎日のようにひとりで本を借りに行くので、「あなたは特別に無制限でいいですよ」と何冊でも借りさせてくれました。気に入ると何度でも同じ本を借りて読む子でしたね。

　中学生のころは運動も大好きでした。毎年、楽しみだったのが体育祭です。足が速かったのでリレーの選手に選ばれて、張りきって走りました。担任の先生のことも大好きで、今ふりかえってみると楽しい中学時代でした。

中学校のときに行った遠足で、友だちとソフトクリームを食べた。

JUDY AND MARY の楽曲『そばかす』。1996年にリリースされ、大ヒットした。「当時大好きなバンドでした」

## 鈴木さんの夢ルート

**小学校・中学校 ▶ とくになし**

将来は「お嫁さんになりたい」と思っていた。

▼

**高校 ▶ 看護師か介護士**

同居していた祖父の入退院、在宅介護をきっかけに、現場で働くプロの存在を目の当たりにし、いつかは介護の仕事をしたいとあこがれた。

▼

**大学 ▶ 介護福祉士**

社会福祉学、介護福祉学を学び、資格を取得して介護福祉士を目指した。

中学生のころ夢中になって読んだ本『アルケミスト』。「夢を叶える羊飼いの男の子の話なんです。今でもときどき、読みかえします」

## Q 子どものころにやっておけばよかったことはありますか？

　私は実際に社会に出てみて、「こんな仕事があるんだ！」とおどろくことがたくさんありました。どんな仕事があるのかを知らなければその職業を目指すこともできないので、子どものころに、世の中にはいろいろな職業があることを知っておけばよかったです。

　職業について知るには、まずは身近な人に興味をもつことです。私の場合は、会社で仕事をする父の存在がありましたが、さらに興味を広げてみればよかったです。映像を見たり本を読んだりしたときにも、これはどんな仕事なのかな？ と調べてみることをおすすめします。

## Q 中学のときの職場体験は、どこに行きましたか？

職場体験の記憶がないんです。当時の私は働くことに興味がなく、職場体験の取り組みは人ごとでした。

学校の職場体験ではありませんでしたが、小学1年生ぐらいのときに、父の会社に連れて行ってもらったことがあります。子どもたちに親が働いているところを見せようと会社が主催したイベントで、母に連れられて家族で行きました。なぜか、とても鮮明に覚えています。

## Q お父さんの会社を見学して、どんな印象をもちましたか？

「お父さんはいつもこんな電車に乗って、こんなふうに会社に行ってるんだ」と新鮮な印象でした。家で見る父とはちがい、「会社ではこんな姿なんだ」と目を見張りました。働く父と、父が働く会社を見た体験は強く心に残り、今でもはっきりと覚えています。

私の夫は、建築の施工に関する仕事をしています。夫が関わった東京・渋谷区の宮下公園に娘を連れて行ったところ、娘の父親を見る目が変わったんです。自分自身の体験からも、娘の反応からも、子どもに親の職業について伝えるのは大切なことだ、と改めて思いました。

## Q この仕事を目指すなら、今、何をすればいいですか？

介護福祉士という国家資格取得が求められる場合が多いので、その準備としてまずは学校の勉強をがんばりましょう。

大人用紙おむつアドバイザーは、介護福祉士として専門知識をもちながら、企業側の知識や技術を活かすことで社会に役立つ新しいケアの仕事です。

就職したらそれがゴールだと思いがちですが、どんな仕事でも、活躍の場はひとつではありません。何かにつまずくことがあっても、自分に向いていないと思いこまずに、未来に向けて視野を広げてみましょう。中学校や高校での体験でも、同じことがいえると思います。失敗から、自分には向いていないと全部を否定してしまったら、もったいないです。

排泄のケアは、自分らしく生きるためにすべての人にとって大切です

---

## － 今できること －

ふだんの暮らし

人に優しく接する思いやりの心が欠かせない仕事です。まわりに悩み事をかかえている人がいたら、話を聞いてあげましょう。相談にのるときは、相手のようすを観察して「どんなことで悩んでいるのか」「どのように接すると相手はうれしいか」を考えてみましょう。相手の気持ちや体調の変化に気がつく力は、仕事をするときに役に立ちます。介護などケアの仕事をするためには、自分が健康であることも大切です。日ごろから運動も行って、健康な体をつくりましょう。

国語　相手の話をよく聞いて、相手の立場や考えを理解する仕事です。物語や小説を読み、読解力をのばしましょう。

社会　介護に関わる社会制度や技術の情報はつねに変化します。公民の基礎知識を学び、ニュースにも注目するようにしましょう。

保健　健康や病気の予防に関する基礎を学びましょう。介護ケアの知識を得るときに役立ちます。

英語　排泄に関する困り事は、人種や国籍に関係なく起こります。地域に住むさまざまな人とコミュニケーションできるよう、英語を学びましょう。

仕事のつながりがわかる

# ケアの仕事 関連マップ

ここまで紹介したケアの仕事が、それぞれどう関連しているのか、見てみましょう。

連携

**スリープ
トレーナー** P.4

アスリートが最高のパフォーマンスを発揮できるように、毎日の睡眠管理を行い、アドバイスをする。

提携

**寝具メーカー
広報** 36巻 P.34

多くの人がかかえる睡眠の悩みを改善するため、魅力的な商品をPRする。

**柔道整復師
専任教員** P.20

柔道整復師を目指す学生を指導する。自らも資格をもち、選手などの体のケアを行う。

連携

連携

連携

プロスポーツチーム

**公認スポーツ栄養士**

アスリートに対して栄養面から専門的なサポートを行う。

相談

治療

**コーチ**

アスリートと交流を深めながら長所や短所を見極め、勝利へと導くための戦略を考える。各専門家と連携する。

助言

相談

指導

相談

**アスリート**

日々のトレーニングや体調管理を通して心身を最高の状態にし、試合本番に臨む。

助言

相談

連携

指導

指導

相談

ペットの
トリミング

**スポーツ
ドクター**

スポーツ医学の専門知識をもち、アスリートが好成績を出すための体の使い方やけがの予防、治療を行う。

連携

**理学療法士**

トレーナーとして、けがをしたアスリートのリハビリテーションを行う。体の機能を回復させるとともに再発を防ぐ。

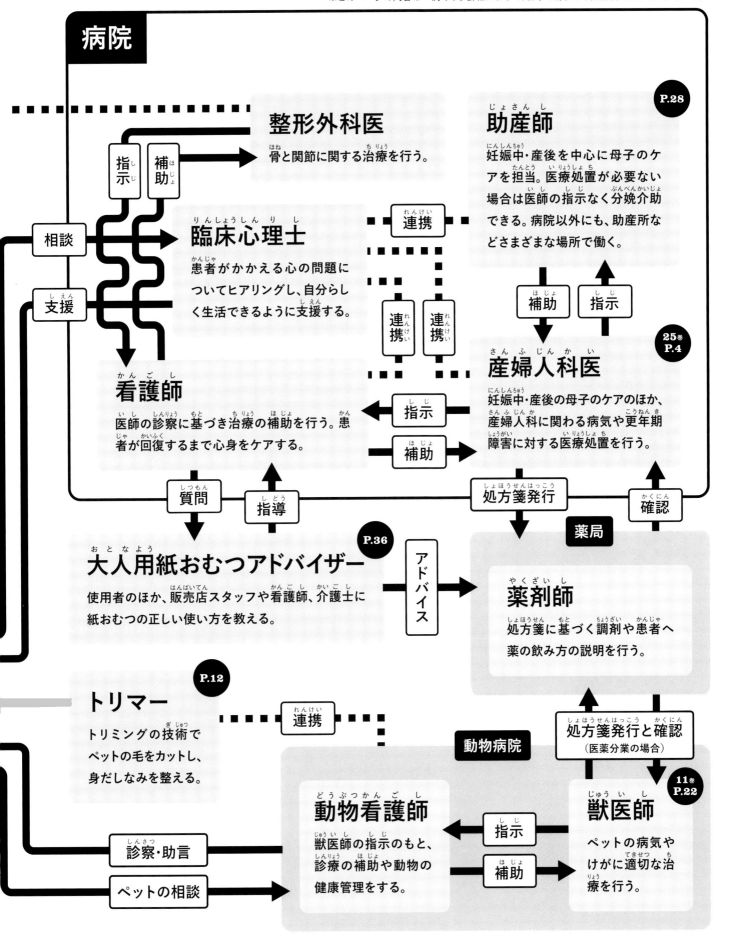

病院

**P.28**

**整形外科医**
骨と関節に関する治療を行う。

**指示**　**補助**

**助産師**
妊娠中・産後を中心に母子のケアを担当。医療処置が必要ない場合は医師の指示なく分娩介助できる。病院以外にも、助産所などさまざまな場所で働く。

**相談**

**連携**

**臨床心理士**
患者がかかえる心の問題についてヒアリングし、自分らしく生活できるように支援する。

**支援**

**連携**　**連携**

**補助**　**指示**

**25巻 P.4**

**産婦人科医**
妊娠中・産後の母子のケアのほか、産婦人科に関わる病気や更年期障害に対する医療処置を行う。

**看護師**
医師の診察に基づき治療の補助を行う。患者が回復するまで心身をケアする。

**指示**

**補助**

**質問**　**指導**

**処方箋発行**

**確認**

**P.36**

**大人用紙おむつアドバイザー**
使用者のほか、販売店スタッフや看護師、介護士に紙おむつの正しい使い方を教える。

**アドバイス**

**薬局**

**薬剤師**
処方箋に基づく調剤や患者へ薬の飲み方の説明を行う。

**P.12**

**トリマー**
トリミングの技術でペットの毛をカットし、身だしなみを整える。

**連携**

**処方箋発行と確認**
（医薬分業の場合）

**動物病院**

**11巻 P.22**

**動物看護師**
獣医師の指示のもと、診療の補助や動物の健康管理をする。

**指示**

**獣医師**
ペットの病気やけがに適切な治療を行う。

**補助**

**診察・助言**

**ペットの相談**

# パンデミックを超えて
# 求められる心と体のケア

## ▶ 家族が受けた手厚いケアの体験

　高齢者向けの介護施設は、歳をとって自分や家族の力だけで生活することが難しい人が、スタッフのお世話になりながら生活する場所です。施設では、食事に関する支援や入浴・排泄の介助など、さまざまなケアが行われています。

　私の母は、晩年を介護施設で過ごしました。施設でこれまでの生活スタイルを変えることなく過ごし、そのうえ趣味の生け花や習字をする時間まで楽しむことができたのです。亡くなる寸前までこのように手厚いケアを受け、「こんなによい場所はない」と母が言ってくれたことで、私たち家族の心も救われたと感じました。ケアの仕事のありがたさが身にしみる体験でした。

　手厚いケアを受けられる場所は、高齢者向けの施設だけではありません。障がいのある人をケアするための場所も多くあります。また病院に入院している患者さんも、看護師によるケアを受けます。人が楽に生きられないときにどのようなケアを受けられるかは、その人の人生を左右する大きな要素です。

## ▶ さまざまな分野で発展するケアの仕事

　今、ケアの仕事は介護・医療分野の従来の仕事にとどまらず、さまざまに広がっています。その要因には、日本を襲った何度かの大震災や世界的なパンデミックの影響で、生活基盤がおびやかされるなどのストレスをかかえる人が急増したことがあります。それに加えて日本の経済が低迷し、お金が必要でも収入を増やすことができない人も大勢います。このように、個人の力ではどうにもできない不条理に大きなストレスを受けている人がとても多いのです。

　このような時代背景もあり、新しいケアの仕事が求められるようになりました。例えばこの本に登場するスリープトレーナーは、アスリートがよりよい睡眠を得られるための日常のケアを行っていますが、実際にはアスリートに限らず、

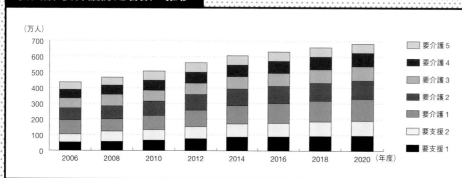

**要支援・要介護認定者数の推移**

（万人）

凡例：
要介護5 / 要介護4 / 要介護3 / 要介護2 / 要介護1 / 要支援2 / 要支援1

横軸：2006　2008　2010　2012　2014　2016　2018　2020（年度）

要支援・要介護の認定区分は要支援1〜2と要介護1〜5の7区分。認定者数の合計は2021年3月末で682万人に達している。介護保険制度が開始された2000年には218万人だったため、20年間で3倍以上に増加している。区分ごとに見ると要介護1が最も多く、要介護5だけは2018年から減少傾向にある。

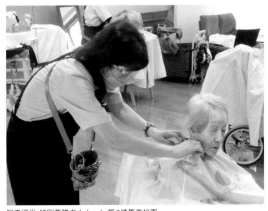

新型コロナウイルスの感染拡大以降、多人数が生活する介護施設では、抵抗力の弱い入居者への感染を防ぐためのあらゆる手段が講じられた。外部スタッフの来訪ができず、ヘアカットのケアが数か月間見合わせとなった施設も多い。再開後、スタッフは厳重な対策をとりながら、心のこもったケアを提供している。

写真提供:特別養護老人ホーム 第2練馬高松園

社会全体に睡眠に問題をかかえる人が増えています。睡眠の問題は見た目でわかりにくいことからも、専門家によるサポートの必要性が高まっています。

またこの数十年で、家族形態も大きく変化しました。核家族や単身世帯が増加し、家族や地域社会でたがいを支え合う仕組みが崩壊しつつあるなか、人に寄りそうサービスの需要は高まる一方です。この本に登場する産後ケアにたずさわる助産師の仕事は、産後の疲労や不調に苦しむ女性のサポートに貢献していると考えられます。

新しいケアの仕事が、人々の生活の質を大きく向上させている例もあります。大人用紙おむつアドバイザーは、排泄に関する不安をかかえている人をケアし、人に言いにくい困り事の解決のために寄りそいます。「お客さまと喜びを共有できる瞬間が、私にとってはうれしいときです」と、語っています。

このように、人々がつらい思いをがまんするあらゆる場面で、ケアの仕事に新しい可能性が生まれています。ケアの必要性を人ごとでなく、だれもが身近なこととして考えられるようになったことから、取り組む人が増えているのです。

## ▶ ケアは友だちを手助けする心から

高齢社会の日本では、ケアの需要がとくに高いのはやはり、介護・福祉の分野です。医療やテクノロジーの進歩により「人生100年」どころか「人生120年」の時代が到来するといわれ、定年退職の年齢も引き上げられています。今後はAI(人工知能)やロボットの力も借りつつ、定年後の人生も自分らしく過ごせる環境を社会全体でつくることが必要です。

しかし、仕事でなくてもできるケアは、身のまわりにたくさんあります。近ごろ元気のない友だちはいないか、電車内や横断歩道で困っている人はいないか……。それを見つけることができて、相手のために何ができるのかを考えられるようになると、その姿勢がケアの仕事にもつながっていくはずです。

PROFILE
玉置 崇 (たまおき たかし)

岐阜聖徳学園大学教育学部教授。
愛知県小牧市の小学校を皮切りに、愛知教育大学附属名古屋中学校や小牧市立小牧中学校管理職、愛知県教育委員会海部教育事務所所長、小牧中学校校長などを経て、2015年4月から現職。数学の授業名人として知られる一方、ICT活用の分野でも手腕を発揮し、小牧市の情報環境を整備するとともに、教育システムの開発にも関わる。
文部科学省「校務におけるICT活用促進事業」事業検討委員会座長をつとめる。

# さくいん

【取材協力】

ヒラノマリ
hiff cafe tamagawa　https://hiff-cafe.com
日体接骨院　http://nittaisekkotsuin.com/
産後ケア施設　https://sango-midwife.jp/index.html
大王製紙株式会社　https://www.daio-paper.co.jp/
ウイン調剤幸薬局

【写真協力】

ヒラノマリ　p5、p6
株式会社シルバーサポート　p47

【解説】

玉置 崇（岐阜聖徳学園大学教育学部教授）　p46-47

【装丁・本文デザイン】

アートディレクション／尾原史和（BOOTLEG）
デザイン／藤巻 妃・角田晴彦・加藤 玲・石井恵里菜（BOOTLEG）

【撮影】

平井伸造

【執筆】

山本美佳　p4-11、p28-35
酒井理恵　p12-19、p44-47
和田全代　p20-27
安部優薫　p28-35

【イラスト】

フジサワミカ

【企画・編集】

佐藤美由紀・渡部のり子（小峰書店）
常松心平・鬼塚夏海（303BOOKS）

キャリア教育に活きる!

# 仕事ファイル40
## ケアの仕事

2023年4月6日　第1刷発行

編　著　小峰書店編集部
発行者　小峰広一郎
発行所　株式会社小峰書店
　　　　〒162-0066東京都新宿区市谷台町4-15
　　　　TEL 03-3357-3521　FAX 03-3357-1027
　　　　https://www.komineshoten.co.jp/
印　刷　株式会社精興社
製　本　株式会社松岳社

©Komineshoten
2023 Printed in Japan
NDC 366　48p　29×23cm
ISBN978-4-338-35903-0

乱丁・落丁本はお取り替えいたします。
本書の無断での複写（コピー）、上演、放送等の二次利用、翻案等は、
著作権法上の例外を除き禁じられています。本書の電子データ化な
どの無断複製は著作権法上の例外を除き禁じられています。代行業
者等の第三者による本書の電子的複製も認められておりません。

キャリア教育に活きる！

# 仕事ファイル

センパイに聞く